UNSERE
BESTEN
REZEPTE

VEGETARISCH

W0227016

2

QUICHES, TARTES UND BLÄTTERTEIG

1

SALATE

3

EINTÖPFE UND AUFLÄUFE

4

PASTA, COUSCOUS, REIS & CO.

5

GEMÜSE AUS JEDER SAISON

6

BUNTES ALLERLEI

Kreativ, bunt – und gesund!

Schnell im Blick: *Zubereitungszeit und Kalorienzahl helfen bei der Auswahl des richtigen Rezepts. Die Zubereitungszeit ist aufgeteilt in die Zeit, in der Sie beschäftigt sind, plus die Zeit, die manche Gerichte für sich selbst benötigen – zum Gehen, Backen, Braten, Gefrieren, Kühlen, Kochen, Marinieren usw. –, die für Sie aber Freizeit ist.*

Mengenangaben	Nährwertangaben
TL: Teelöffel	**E:** Eiweiß
EL: Esslöffel	**Kh:** Kohlenhydrate
Bd.: Bund	**F:** Fett
Pckg.: Packung	**kcal:** Kilokalorien
Msp.: Messerspitze	

Wer auf Fleisch und Fisch verzichtet, dem steht eine bunte Geschmacks- und Zutatenwelt offen: Neben Gemüsesorten wie Zucchini, Paprika und Tomate sind es Mu-err-Pilze, Topinambur und Kichererbsen, Pastinake und Süßkartoffel oder Getreideprodukte wie Bulgur oder Grünkern, die die vegetarische Küche so aufregend abwechslungsreich machen. Pflanzliche Eiweiße wie Tofu runden die Sache ab.

Von der mitteleuropäischen Fleischküche kennt man es so: Auf dem Tisch spielt das Fleischgericht die Hauptrolle, Gemüse und Getreide sind sättigende Beilagen, die den Teller bunter machen. In der vegetarischen Küche werden die Beilagen zu Protagonisten. Wer denkt, dass das zu langweiligen Einheitsgerichten führt, irrt gewaltig. Gerade das Umdenken setzt Kreativität und Experimentierfreude frei. Viele Küchen der Welt, zum Beispiel des Orients und viele asiatische Küchen, kennen meist gar kein Hauptgericht auf einer Festtafel. Es ist die Vielfalt, die im Zentrum steht, aus der jeder auswählt, was ihm am besten schmeckt.

Gleichberechtigt nebeneinander braucht keines der Gerichte um die Vorherrschaft zu kämpfen. Wenn es bunt und abwechslungsreich auf dem Tisch zugeht, vermisst niemand mehr das Fleisch. Auf den ersten Blick macht das mehr Mühe. Jedoch sind die einzelnen vegetarischen Gerichte in der Regel schneller zubereitet als ein klassisches Schmorgericht, billiger als Kurzgebratenes und auch für Kinder viel einfacher zu essen als beispielsweise ein Fisch.

Wollen Sie vollständig auf vegetarische Kost umsteigen, werden viele Menschen Ihnen erzählen, der Mensch bräuchte Fleisch für eine gesunde Ernährung. Es ist vor allem der Mangel an Eiweiß, Eisen, Jod, Zink und Vitamin D, der Vielen Sorgen bereitet. Mit einer abwechslungsreichen vegetarischen Ernährung ist das kein Problem. Hülsenfrüchte und Vollkorn enthalten pflanzliches Eiweiß, Eisen und Zink. Vitamin C aus Obst hilft dem Körper, das Eisen aufzunehmen. Nüsse sind ebenfalls gute Zink-Lieferanten. Ausreichend Jod erhalten Sie über Milch und jodiertes Speisesalz. Vitamin D bildet der Körper selbst, aber nur, wenn die Haut genug UV-Licht abbekommt. In den Wintermonaten sollten Sie mit Vitamin D angereicherte Lebensmittel essen, etwa Margarine.

Neben Gemüse gibt es noch viele andere Zutaten in der vegetarischen Küche. Wir zeigen Ihnen die wichtigsten:

Getreideprodukte: Vollkornreis, Couscous, Bulgur, Grünkern – sie alle liefern viele Vitamine und Mineralstoffe, besonders Eisen, sowie Kohlenhydrate. Bulgur und Couscous werden aus Hartweizen hergestellt. Im Vergleich zu Couscous wird Bulgur gröber gemahlen und ist noch als zerbrochenes Weizenkorn erkennbar. Gekocht oder als Salat, Grünkern als Bratling oder Fleischersatz in der Lasagne – es gibt viele Verwendungsmöglichkeiten.

Hülsenfrüchte: Bohnen, Erbsen, Kichererbsen und Linsen sind nicht nur pflanzliche Eiweißlieferanten, sie enthalten auch noch reichlich Ballaststoffe. Mit 100 g getrockneten Bohnen oder Erbsen deckt man schon mehr als die Hälfte des Tagesbedarfs. Hülsenfrüchte schmecken als Suppe oder Eintopf, püriert als Dip oder als Salat, kombiniert mit Blattsalaten und anderem Gemüse.

Tofu: Tofu wird aus Sojabohnen hergestellt. Er ist besonders eiweißreich, 250 g Tofu decken ein Drittel unseres täglichen Eiweißbedarfs. Fettarm ist er auch noch (5 %) und enthält viele gesunde mehrfach ungesättigte Fettsäuren sowie Eisen, Kalium, Magnesium, B-Vitamine und Vitamin E. Tofu schmeckt nach fast nichts. Umso besser, er lässt sich süß und salzig, gekocht, gebraten, gegrillt, gedünstet oder auch mariniert zubereiten und auch zu Cremes, Saucen und Füllungen verarbeiten. Zum Marinieren zugedeckt in ein Gefäß in Sojasauce oder eine Rot- oder Weißwein-Marinade mit Kräutern legen, möglichst über Nacht.

Wurzelgemüse: Möhren, Pastinaken, Rote Bete, Rüben, Topinambur und Co. sind deshalb so gesund, weil die Wurzeln als Speicherorgan der Pflanzen dienen. Darin lagern viele Nährstoffe und Vitamine. Der Wassergehalt ist deutlich geringer als bei anderem Gemüse, daher sind Wurzelgemüsearten sehr viel bissfester. Sie können gekocht, gebraten oder auch roh verzehrt werden. Sellerie zum Beispiel lässt sich auch wie ein Schnitzel panieren.

1

SALATE

Möhrenrohkostsalat

1. Die Möhren waschen, schälen und fein raspeln. Peperoni entstielen, entkernen und in feine Ringe schneiden. Zwiebeln schälen und in hauchdünne Streifen hobeln.

2. Walnüsse grob hacken und mit den Sesamsamen in einer beschichteten Pfanne ohne Fett anrösten, bis die Samen leicht braun werden. Zitrone waschen, Schale abreiben, Saft auspressen. Beides mit dem Honig, Öl, Peperoniringen und Kreuzkümmel verrühren. Möhren mit Zwiebeln und dem Dressing vermischen.

3. Die Minze waschen, trocken schütteln und die Blättchen von den Stielen zupfen. Mit den Fingern die Minzeblätter zerzupfen und mit Sesam und Nüssen unter den Salat mischen.

Variante: *Geben Sie den Kreuzkümmel in eine beschichtete Pfanne und lassen Sie die Möhrenraspel dort mit etwas Wasser für 2–3 Minuten dünsten. Dann würzen und alle anderen Zutaten unterheben. Wer mag, kann Korinthen oder Rosinen in den Salat geben.*

Für 4 Portionen:

500 g Möhren
1 rote Peperoni
2 rote Zwiebeln
30 g Walnüsse
2 TL hellen Sesam
1 Zitrone
1 TL Honig
4 EL kaltgepresstes Walnussöl oder Rapsöl
1 TL gemahlener Kreuzkümmel
½ Bd. frische Minze

Pro Portion: 3 g E, 11 g Kh, 17 g F

Kartoffelsalat mit Wein

Für 4 Portionen:

1 kg Kartoffeln
(vorwiegend festkochend)

2 mittlere helle Zwiebeln

2 Knoblauchzehen

2 EL Rapsöl

200 g tiefgefrorene Erbsen

je 1 rote und gelbe Paprikaschote

250 ml leichter trockener Weißwein, z. B. Pinot Grigio
(oder Apfelsaft)

Salz, Pfeffer

1. Kartoffeln schälen und in kleine Würfel schneiden (etwa 1 bis 1,5 cm Seitenlänge).

2. Zwiebeln und Knoblauch schälen, Zwiebel in dünne Ringe schneiden, Knoblauch in Scheiben. In einem Schmortopf, einer großen Pfanne oder einem Wok mit Öl glasig anbraten, Kartoffelwürfel dazugeben und unter Wenden ganz leicht anschmoren. Mit 250 ml Wasser etwa 10 Minuten bei kleiner Hitze und geschlossenem Deckel garen.

3. Gefrorene Erbsen, in Würfel geschnittene Paprikaschoten und Wein dazugeben, unter ständigem Wenden etwa 5 Minuten weitergaren, bis die Kartoffeln weich genug sind. Mit Salz und Pfeffer abschmecken.

Pro Portion: 10 g E, 46 g Kh, 8 g F

Mediterran: *Ergänzen Sie den Salat um getrocknete, in Öl eingelegte Tomaten und in feine Scheiben geschnittenen Stangensellerie. Beides muss nicht mitkochen und macht den Salat etwas knackiger. Erbsen und Paprika dann eventuell weglassen.*

Asiatisch-indisch: *Selleriestangen in Scheiben, Erbsen oder Bohnen zum Salat geben, gestiftelten Ingwer (etwa 4 cm) mit den Zwiebeln schmoren, den Salat abschließend mit 1 bis 2 TL Garam Masala würzen. Garam Masala finden Sie in Asia-Läden.*

☒ 60 Minuten
☒ 205 kcal p. P. (bei 4)

Wildreis mit Walnüssen und Ingwer

1. In einem Topf Ras el Hanout in etwa einem Teelöffel Rapsöl anschwitzen, den Wildreis hinzugeben und mit 2,5 Tassen Wasser auffüllen. Aufkochen, dann 50 bis 60 Minuten bei geöffnetem Topf und geringer Hitze köcheln lassen. Erst gegen Ende der Garzeit Salz hinzufügen. Der Reis ist gar, wenn fast alle Körner geöffnet sind.

2. Inzwischen den Ingwer schälen und fein hacken. Aus Raps- und Sesamöl, Balsamessig, geriebener Zitronenschale und Salz eine Marinade herstellen.

3. Den fertig gegarten Reis von der Kochstelle nehmen, eventuell überschüssige Flüssigkeit abgießen. Trockenfrüchte und Ingwer dazugeben. Abkühlen lassen, dann die Marinade und die Walnusskerne daruntermischen. Vor dem Servieren noch einmal mit Salz und eventuell etwas Balsamessig und Honig abschmecken.

Pro Portion: 4 g E, 13 g Kh, 15 g F

Tipps: *Wildreis erhalten Sie in Bioläden und Reformhäusern. Er benötigt zum Garen mehr Wasser als normaler Reis, und seine Kochzeit ist deutlich länger. Insbesondere, wenn er nicht warm, sondern als Salat serviert wird, müssen die Körner sehr weich sein und eventuell länger als auf der Packung angegeben gekocht werden. Sie werden beim Abkühlen und durch das Hinzufügen von Essig wieder fester.*

Sehr gut schmeckt die Kombination von Cranberries, Ingwer und Walnüssen auch in einem Linsensalat. Allerdings sollten Sie hierfür dann die kleinen schwarzen, nussig schmeckenden Beluga- oder Puylinsen nehmen.

Für 4–6 Portionen:
1 TL Ras el Hanout (Gewürzpulver)
½ TL Rapsöl
½ Tasse Wildreis (65 g)
Salz
50 g Ingwerwurzel
1–2 EL Rapsöl
1 EL dunkles Sesamöl
1–2 EL Balsamessig
½ TL geriebene Zitronenschale
50 g Walnusskerne
50 g getrocknete Cranberries, ersatzweise Rosinen
eventuell etwas Honig

Für 4 Portionen:

2 mittlere Schalotten

1 EL weißer Balsamico

2–3 EL Olivenöl

1 kleine Dose Kichererbsen, etwa 250 g Einwaage

100 g Rucola

Kirschtomaten (optional)

Salz, Pfeffer

Pro Portion: 13 g E, 32 g Kh, 11 g F

Kichererbsensalat mit Rucola

1. Die Schalotten schälen und sehr klein schneiden. Aus Essig, Öl und 1 bis 2 EL Aufgussflüssigkeit von den Kichererbsen, Salz und Pfeffer eine Vinaigrette rühren. Über die Zwiebeln geben und alles etwas stehen lassen, der Essig nimmt den Zwiebeln Schärfe und macht sie bekömmlicher.

2. Inzwischen den Rucola waschen, trocken schleudern. Die Stiele abtrennen und klein schneiden, ähnlich wie Schnittlauch. Mit den abgetropften Kichererbsen zur Vinaigrette geben. Dann erst die Rucola-Blätter vorsichtig untermischen. Nach Wunsch mit halben Kirschtomaten dekorieren.

Tipp: *Getrocknete Kichererbsen über Nacht einweichen und lange kochen. Das schmeckt noch besser. Aber Dosenware ist eine gute Alternative, zudem in Sekunden einsatzbereit. Statt Kichererbsen kann man auch weiße Bohnen nehmen.*

Libanesischer Tabouleh mit Bulgur

1. Tomaten vom Stielansatz befreien, fein würfeln, mit Saft und Kernen in eine Schüssel geben und etwas salzen. Zitronen auspressen, zu den Tomaten geben und den Bulgur direkt unterrühren (Nicht vorher mit heißem Wasser übergießen!). Etwa 2 Stunden gekühlt ruhen lassen, damit der Bulgur den Gemüsesaft aufsaugen kann.

2. In der Zwischenzeit Petersilie und Minze waschen, trocken schütteln, Blätter klein schneiden. Frühlingszwiebeln in dünne Ringe schneiden. Alles mit 2 bis 3 EL Olivenöl unter den Salat mischen. Abschmecken.

Pro Portion: 6 g E, 30 g Kh, 1 g F

Info: *Libanesischen Tabouleh isst man als Vorspeise typischerweise aus der Hand. Dazu nimmt man ein Salatblatt, füllt es mit dem Tabouleh und führt es mit den Fingern zum Mund.*

Für 6 Portionen:
600 g mittelgroße Tomaten
4 EL Zitronensaft
200 g Bulgur mittelgrob
300 g glatte Petersilie
1 Bd. Minze
1 Bd. Frühlingszwiebeln
2–3 EL Olivenöl
Salz, Pfeffer

Fenchelsalat mit Käse

Für 4 Portionen:

2 Fenchelknollen mit Grün

1 rosa Grapefruit

1 Apfel
(Boskop oder Cox Orange)

200 g Hartkäse (Emmentaler,
Appenzeller)

Salatsauce

200 g Joghurt, 3,5 % Fett

Ingwerpulver, Salz

2 EL Pflanzenöl

1. Den Fenchel putzen und waschen. Das Fenchelgrün abschneiden und beiseite legen. Fenchelknollen halbieren und längs in feine Streifen schneiden.

2. Die Grapefruit schälen, dabei die weiße Haut entfernen. Mit einem scharfen Messer die Filets zwischen den Trennwänden herausschneiden. Die Filets halbieren.

3. Den Apfel abspülen, trockentupfen und achteln. Das Kerngehäuse entfernen. Die Apfelstücke streifig, den Käse in etwa 3 cm lange, feine Streifen schneiden. Alle Zutaten mischen.

4. Für die Salatsauce Joghurt, Gewürze und Öl verrühren und unter die Zutaten heben. Das Fenchelgrün kurz abbrausen, trockentupfen, eventuell grob schneiden und über den Salat streuen.

Pro Portion: 19 g E, 19 g Kh, 22 g F

Tipps: *Anstelle von Grapefruit können Sie 1 bis 2 filetierte Orangen verwenden.*

Wer mag, kann in die Salatsauce anstelle von Ingwerpulver 1 kleines Stück (2 cm) geschälte und gehackte Ingwerknolle rühren.

Glasnudelsalat mit Tofu

1. Die Pilze in ein Gefäß legen, mit einer Tasse kochendem Wasser übergießen und darin 20 Minuten quellen lassen. Die Glasnudeln in kochendes Wasser geben, 2 Minuten ziehen lassen und danach in 6 cm lange Stücke schneiden. Tofu zerkrümeln, in eine Schüssel geben und mit der Sojasauce begießen.

2. Die Erdnüsse grob zerkleinern und in einer Pfanne mit etwas Öl anbraten. Tofu zufügen und unter Wenden 2 Minuten anbraten, rausnehmen und abkühlen lassen.

3. Die Frühlingszwiebeln und Selleriestangen putzen und waschen. Die Frühlingszwiebeln in dünne Ringe, die Selleriestangen eventuell längs halbieren, in schmale Scheiben schneiden und mit den abgetropften Glasnudeln mischen.

4. Den Koriander abbrausen, trockenschwenken und die Blätter klein schneiden.

5. Die Chilischoten waschen, entstielen, längs halbieren, entkernen und in feine Streifen schneiden.

6. Die Mu-err-Pilze abgießen, abtropfen lassen und in Streifen schneiden.

7. Die Zutaten für die Salatsauce verrühren und mit allen Salatzutaten mischen, mindestens 30 Minuten durchziehen lassen.

Tipps: *Mu-err- oder Wolkenohrpilze bekommen Sie getrocknet im Asia-Laden. Der Staudensellerie aus dem Asia-Laden ist optimal für dieses Rezept – er ist kleiner und dünner.*

Glasnudeln, aus Mungobohnenmehl hergestellt, mit kochendem Wasser übergießen, dann können sie weiterverarbeitet werden. Wenn die Packung größer ist als im Rezept angegeben, können Sie mit einer kräftigen Küchenschere die entsprechende Menge abschneiden.

Statt Sojasauce können Sie auch vegetarische Austernsauce auf Basis von Shiitakepilzen verwenden. Diese bekommen Sie ebenfalls im Asia-Laden.

Für 4 Portionen:

Salat

6 getrocknete Mu-err-Pilze

100 g Glasnudeln

150 g Tofu

2 EL helle Sojasauce

30 g Erdnusskerne, ungesalzen

2 EL Pflanzenöl

4 Frühlingszwiebeln

2 kleine Stangen Staudensellerie

1 Bd. Koriander

2 rote oder grüne Chilischoten

Marinade

4 EL Limetten- oder Zitronensaft

4–5 EL helle Sojasauce

1 Prise Zucker

Pro Portion: 8 g E, 23 g Kh, 12 g F

Für 2 Portionen:

1 rote Paprika

1 rote Zwiebel

1 Knoblauchzehe

1–2 EL Olivenöl

Salz, Pfeffer

Zucker

2 TL Kreuzkümmel (Cumin)

1 kleine Dose Kichererbsen
(320 g Abtropfgewicht)

1 unbeh. Zitrone

1 TL Sesamöl

6 EL glatte Petersilie, gehackt

Orientalischer Kichererbsensalat

1. Paprika waschen, entkernen und in feine Streifen schneiden. Zwiebel und Knoblauch schälen und klein schneiden.

2. Gemüse im Olivenöl für 5 Minuten scharf anbraten, dabei immer wieder umrühren. Mit Salz, Pfeffer, einer Prise Zucker sowie Kreuzkümmel würzen.

3. Inzwischen die Kichererbsen abspülen, abtropfen lassen und in eine Schüssel füllen. Das Paprikagemüse zu den Kichererbsen geben.

4. Die Zitrone mit dem Zestenreißer schälen, dann etwas auspressen. 1 TL Zesten zum Salat geben, mit Sesamöl und etwas Zitronensaft abschmecken. Die gehackte Petersilie unter den Salat heben.

Pro Portion: 13 g E, 34 g Kh, 11 g F

Topinambursalat mit Granatapfel

1. Möhren schälen, der Länge nach halbieren, schräg in etwa 1 cm dicke Streifen schneiden. Kartoffeln schälen, passend zu den Möhren klein schneiden. Pastinake schälen und klein schneiden. Topinambur schälen und klein schneiden. Ziegenkäse zerbröseln, Granatapfel halbieren und Kerne herauslösen.

2. Das Gemüse in 4 EL Olivenöl etwa 5 Minuten braten. Salzen, 3 EL Granatapfelsirup zugeben und zugedeckt 3 Minuten ziehen lassen. Abkühlen lassen und mit dem Käse vermischen.

3. Für das Rapsöldressing etwas Essig mit wenig Wasser, einer Prise Salz und Dijonsenf sowie einer Prise Hefeflocken verrühren. Dann 1 EL Rapsöl hinzurühren, sodass eine milchige Emulsion entsteht.

4. Dressing über den Salat geben, auf die Teller verteilen, das Gemüse darauf anrichten und mit den Granatapfelkernen garnieren.

Pro Portion: 15 g E, 32 g Kh, 31 g F

Tipp: *Halbieren Sie den Granatapfel und drücken Sie die Kerne in einer großen Schale mit kaltem Wasser aus. Dabei sinken die Kerne auf den Boden, die weißen Häutchen schwimmen an die Oberfläche.*

Für 4 Portionen:
300 g Möhren
300 g Kartoffeln
150 g Pastinake
250 g Topinambur
3 EL Granatapfelsirup
250 g Ziegenkäse (oder Feta)
4 EL Rapsöldressing (Essig, Wasser, Salz, Dijonsenf, Hefeflocken, Rapsöl)
150 g Salatmischung
1 Granatapfel
außerdem: Olivenöl

2

QUICHES, TARTES UND BLÄTTERTEIG

⊠ 45 Minuten
⊡ 380 kcal pro Portion

Oliven-Tomatentarte

1. Den Backofen auf 200 °C vorheizen. Öl und 2 EL Wasser verrühren. Die Teigblätter ausbreiten und damit dünn einpinseln. Den Boden einer Springform mit den vorbereiteten Blättern auslegen, dabei den Rand überlappen lassen.

2. Den Boden mit dem Pesto bestreichen. Tomaten waschen, vierteln und die Stielansätze entfernen. Die Tomaten waschen und rundherum einpieksen, auf der Tarte verteilen. Salzen und pfeffern.

3. Die Tarte im Ofen (unten) 15–20 Minuten backen. Inzwischen die Oliven entkernen und grob hacken. Basilikum waschen, trocken schütteln und die Blätter abzupfen.

4. Tarte aus dem Ofen nehmen, Oliven und Basilikum darüberstreuen und servieren. Dazu schmeckt Salat oder ein Dip.

Info: *Yufka-, Filo- oder Brikteig gibt es in türkischen Lebensmittelläden. Er enthält ähnlich wie Strudelteig kein Fett, sondern wird mit gesundem Öl eingepinselt.*

Variante: *Funktioniert mit verschiedenen Gemüsesorten wie Broccoli, Zucchini, Paprika, versuchen Sie es mal bunt.*

Für 1 Springform (26 cm Ø):
4 EL Olivenöl
3 Yufkateigblätter (ca. 200 g)
4 EL Pesto
500 g Kirschtomaten
Salz, Pfeffer aus der Mühle
100 g schwarze Oliven
einige Stängel Basilikum

Pro Portion: 10 g E, 33 g Kh, 23 g F

☒ 35 Min. + 50 Min.
☐ 240 kcal p. St. (bei 12)

Thymiantarte mit Tomaten

Für 1 Springform (26 cm Ø):

100–150 g Filoteig-Blätter

4 EL Rapsöl

50 g Parmesan

2 kleine Zucchini (400 g)

3–4 Selleriestangen

1 Bund Zitronenthymian

150–200 g Tomaten

Salz, Pfeffer

150 g Doppelrahmfrischkäse

400 g Sauerrahm

3 Eier

2 Eigelb

1–2 EL Olivenöl zum Beträufeln

Pro Portion: 3 g E, 13 g Kh, 14 g F

1. Ofen auf 180 °C vorheizen. Eine gefettete Springform mit den Filoteig-Blättern auslegen, und zwar je nach Form der Blätter so, dass sie etwas über den Rand ragen. Dabei die Blätter mit einer Mischung aus je 2 EL Öl und Wasser satt bepinseln, den Rand aber aussparen. Parmesan reiben.

2. Zucchini in kleine Würfel, Selleriestangen in schmale Scheiben schneiden. Den Thymian waschen, trocken schütteln, die Blättchen mit einer Gabel oder den Fingern von den Stielen streifen und leicht hacken. Die Tomaten in kleine Stücke schneiden, eventuell vorher entkernen, auf jeden Fall den Tomatensaft abgießen. Die Tomatenstücke salzen und pfeffern, etwa ein Viertel der gehackten Kräuter mit 1 EL Öl untermischen.

3. Das Gemüse – ohne die Tomaten – mit 1 EL Öl knusprig anbraten, kräftig salzen und pfeffern, abkühlen lassen. Für den Guss Frischkäse und Sauerrahm mit Eiern, Eigelb und geriebenem Parmesan mischen. Angebratenes Gemüse und restlichen Thymian unterrühren. Noch einmal salzen, pfeffern und alles auf dem Boden verteilen. Auf der zweiten Schiene von unten etwa 50 Minuten backen beziehungsweise so lange, bis die Oberfläche leicht bräunt. Nach etwa 20 Minuten die gekräuterten Tomaten in die Mitte legen, einen tomatenfreien Rand lassen. Wenn die Filoteig-Blätter sehr braun werden, mit Alufolie abdecken. Zum Servieren noch etwas Olivenöl über Tomaten und Guss träufeln.

Tipps: *Etwas flüssiger ist ein Guss aus je 200 ml Sahne und Milch, dazu 2 Eiern plus 2 Eigelb. Anstelle von Filoteig geht auch Blätterteig aus dem Kühlregal.*

Lust auf anderes Gemüse? Grüne Bohnen harmonieren besonders gut mit Thymian. Bei Spinat oder Mangold den Thymian weglassen.

- ⏲ 20 Min. + 40 Min.
- 345 kcal pro Portion

Rucola-Kräuter-Quiche

Für 4–6 Portionen:

1 EL Rapsöl
250 g Blätterteig (Kühlregal)
75 g Rucola
je 1 Bd. Dill, Schnittlauch und glatte Petersilie
300 g Saure Sahne
200 g Frischkäse (15 % i. Tr.)
3 Eier
1 EL Speisestärke (20 g)
Salz, Pfeffer, Muskat

Pro Portion: 9 g E, 21 g Kh, 20 g F

1. Ofen auf 175 °C (Ober- und Unterhitze) vorheizen. Eine Quiche- oder Tortenform ausfetten, mit dem Blätterteig auslegen, dabei einen kleinen Rand formen. Teigboden mehrmals mit der Gabel einstechen, im vorgeheizten Ofen auf dem untersten Rost 7 bis 8 Minuten backen.

2. Rucola und Kräuter waschen, trocken schütteln, harte Stielenden entfernen. Rucola bis auf einige Blätter grob, die Kräuter kleiner hacken oder schneiden.

3. Saure Sahne mit Frischkäse, Eiern und Stärke verrühren, mit Salz, Pfeffer und Muskat abschmecken, Rucola und Kräuter unterheben. Alles auf dem vorgebackenen Teig verteilen, 35 bis 40 Minuten backen, bis die Oberfläche leicht gebräunt ist. Mit den restlichen Rucola-Blättern dekoriert servieren.

Info: *Junge Rucola-Blätter schmecken frisch und leicht scharf, ältere eher bitter. Senföl und pflanzliche Bitterstoffe stärken die Abwehr, allerdings enthält Rucola meist Nitrat. Aber keine Sorge: In test-Untersuchungen waren die Belastungen mit Nitrat gesundheitlich nicht problematisch.*

⏱ 30 Min. + 25 Min.
🔥 627 kcal p. P. (bei 4)

Käse-Möhren-Quiche

1. Den Backofen auf 220 °C vorheizen. Butter in einem Topf schmelzen. Das Mehl mit dem Fett, 1 TL Salz und etwas Muskat verkneten, eventuell etwas kaltes Wasser zugeben, in Frischhaltefolie gewickelt ruhen lassen. Die Springform einfetten.

2. Die Möhren waschen, schälen und fein raspeln, mit Curry mischen. Walnüsse hacken.

3. Den Teig dünn ausrollen und die Form damit auslegen. Einen kleinen Rand hochziehen und den Boden mit einer Gabel mehrfach einstechen. Zunächst Nüsse auf dem Boden verteilen, dann die Möhrenraspel und zum Schluss den Reibekäse.

4. Eier trennen. Eigelbe mit Milch und Quark cremig rühren. Eiweiß mit Salz steif schlagen, unterziehen, Masse mit Muskatnuss und Salz abschmecken und auf der Quiche verteilen. Im heißen Backofen auf der unteren Schiene etwa 25 Minuten backen.

Tipp: *Statt Möhren passen auch Zucchini, vorgekochte Rote Bete, fein gehobelter Rotkohl oder Spargel.*

Für 1 Springform (28 cm Ø):

150 g Weizenmehl (Type 1050)
100 g Butter
Salz, geriebene Muskatnuss
250 g zarte Möhren
1 EL Currypulver
50 g Walnüsse
100 g geriebener Greyerzer
200 ml Milch
2 Eier
250 g Magerquark

Pro Portion: 28 g E, 35 g Kh, 42 g F

Grüne Quiche
mit wilden Kräutern

⏱ 20 Min. + 55 Min.
🍴 340 kcal p. St. (bei 8)

1. Für den Teig die Zutaten mit den Knethaken des Handrührgeräts auf niedriger Stufe vermengen, mit den Händen kurz zu einem geschmeidigen Teig kneten. In Folie gewickelt mindestens 30 Minuten kalt stellen.

2. Backofen auf 200 °C aufheizen. Mürbeteig auf Backpapier ausrollen, die Springform damit auslegen und einen etwa 3 cm hohen Rand formen. Den Rand mit Alufolie umhüllen, mit der Gabel mehrfach in den Boden stechen. Den Boden 10 Minuten lang backen. Backofentemperatur anschließend auf 180 °C reduzieren.

3. Grünen Spargel oder Frühlingszwiebeln putzen und auf 15 bis 20 cm kürzen. Mit Butter in einem geschlossenen Topf 5 Minuten dünsten. Kräuter waschen, fein hacken, Crème fraîche mit Gruyère und Eiern verrühren, etwa 200 g gehackte Kräuter untermischen, mit Salz und Pfeffer abschmecken. Masse auf den vorgebackenen Boden geben. Abgetropfte Lauchzwiebeln oder Spargel von oben leicht unterheben.

4. Auf einer unteren Schiene die Quiche etwa 45 Minuten backen. Falls der Belag am Ende der Backzeit noch nicht ausreichend fest scheint, einige Minuten weiterbacken. Die Torte etwas auskühlen lassen. Vor dem Verzehr die Pinienkerne in einer Pfanne ohne Fett anrösten und mit den restlichen Kräutern über die Quiche streuen.

Pro Stück: 12 g E, 17 g Kh, 25 g F

Tipp: *Ihr Geschmack und das saisonale Angebot entscheiden, welche Kräuter Sie nehmen. Die Aromen müssen jedoch harmonieren. Lauchgewächse wie Schnittlauch oder Bärlauch vertragen sich gut mit Petersilie oder Dill. Kresse und Knoblauch bringen Schärfe ins Spiel, die oft Kindern nicht gefällt. Das gilt auch für die Bitterstoffe von Löwenzahn und Rucola. Mediterrane Kräuter wie Basilikum und Rosmarin mögen die Begleitung von Knoblauch.*

Für 1 Springform (26 cm Ø):
Mürbeteig
125 g Butter, weich
1 Ei
200 g Mehl
1 TL Backpulver
½ TL Salz
Füllung
200 g Frühlingszwiebeln oder grünen Spargel
1 EL Butter
250 g Kräuter (wie Petersilie, Schnittlauch, Dill, Kerbel)
250 g Crème fraîche
100 g Gruyère, gerieben
4 Eier
1 Eigelb
Salz, Pfeffer
50 g Pinienkerne, geröstet

⏱ 30 Min. + 40 Min.
🔥 325 kcal pro Portion

Champignon-Quiche

Für 1 Springform (26 cm Ø):

Teig

150 g Mehl (Type 1050)

½ Pckg. Backpulver

75 g Magerquark

4 EL Milch

4 EL Pflanzenöl

1 Prise Salz

Belag

3 Zwiebeln (150 g)

1 kg kleine Champignons

1½ EL Butter
oder Margarine (20 g)

etwa 10 Salbeiblättchen

400 g Sauerrahm

4 Eier (Kl. M)

125 g mittelalter Gouda,
fein gerieben

Salz, Pfeffer aus der Mühle

geriebene Muskatnuss

außerdem Mehl zum Ausrollen

1. Für den Teig Mehl und Backpulver in einer Schüssel mischen. Quark, Milch, Öl und Salz darüber geben. Mit dem Handrührgerät (Knethaken) erst auf niedriger Schaltstufe, dann kurz auf höchster Schaltstufe zu einem glatten Teig verarbeiten.

2. Für den Belag die Zwiebeln abziehen und fein würfeln. Champignons putzen, eventuell waschen, dann gut trockentupfen und in Scheiben schneiden. Kleine Exemplare ganz lassen.

3. Den Backofen auf 200 °C (Umluft 180 °C, Gas Stufe 3½) vorheizen. Butter oder Margarine (etwas zum Einfetten der Springform übrig lassen) in einer Pfanne erhitzen, die Zwiebeln zugedeckt darin glasig werden lassen. Die Champignonscheiben zugeben und unter Wenden vorsichtig ohne Deckel anbraten, bis die ganze Flüssigkeit verdampft ist. Dies kann einige Minuten dauern. Dann beiseitestellen und abkühlen lassen.

4. Die Salbeiblättchen abspülen, trockentupfen und in feine Streifchen schneiden. Sauerrahm, Eier und geriebenen Käse in einem Gefäß verrühren. Salbei und Gewürze zugeben und kräftig abschmecken.

5. Den Teig auf leicht bemehlter Fläche ausrollen, die eingefettete Springform damit belegen, den Rand etwas hochziehen. Die abgekühlten Champignons darauf geben. Die Eier-Sauerrahm-Mischung gleichmäßig darüber verteilen. Im vorgeheizten Backofen, mittlere Schiene etwa 30 bis 40 Minuten backen. Sofort anrichten.

Pro Portion: 16 g E, 17 g Kh, 20 g F

Blätterteigkörbchen mit Käse und mehr

⏱ 70 Min. + 20 Min.
🔥 150 kcal pro Stück

1. Füllung nach den unten stehenden Rezepten zubereiten.

Pilz-Käse-Füllung: Pilze waschen, je nach Größe vierteln oder achteln. In einer Pfanne im heißen Öl anrösten. Nach etwa 10 Minuten klein geschnittene Salbeiblätter unter die Champignons heben, kurz mit anbraten. Vom Herd nehmen und den klein geschnittenen Gouda unterheben. Mit Salz und frisch gemahlenem Pfeffer abschmecken.

Feta-Tomaten-Füllung: Tomaten fein hacken, mit 1 EL Öl aus dem Konservenglas und den Kräutern vermischen. Feta zerbröckeln und unter diese Mischung rühren, mit Salz abschmecken.

Gorgonzola-Walnuss-Füllung: Käse mit Crème fraîche verrühren, Walnusskerne hacken und unterrühren. Mit Salz und Pfeffer abschmecken.

2. Ofen auf 200 °C vorheizen, aufgetauten Blätterteig ausrollen, dann in 10 cm × 10 cm große Quadrate schneiden. Jeweils 2 Papierförmchen ineinanderstecken (erhöht die Stabilität), mit Wasser ausspülen.

3. Die Füllungen in den Förmchen verteilen, überstehende Teigecken nach innen biegen. Im Ofen 20 Minuten backen.

Pro Stück: 5 g E, 7 g Kh, 11 g F

Für 3 x 12 Stück:

900 g Blätterteig (Kühlregal)

72 kleine Papierförmchen

Pilz-Käse-Füllung

500 g braune Champignons

2 EL Rapsöl

einige frische Salbeiblätter

200 g Gouda

Salz, Pfeffer

Feta-Tomaten-Füllung

100 g eingelegte, getrocknete Tomaten

1 EL italienische Kräuter, getrocknet

200 g Feta

Salz

Gorgonzola-Walnuss-Füllung

200 g Gorgonzola

100 g Crème fraîche

50 g Walnusskerne

Salz, Pfeffer

⏲ 30 Min. + 25 Min.

⊟ 444 kcal p. P. (bei 4)

Spinattorte

Für 4–6 Portionen:

Quark-Öl-Teig

150 g Vollkornmehl

½ Pckg. Backpulver

75 g Magerquark

6 EL Milch

1 Prise Salz

3 EL Pflanzenöl

Belag

1 kg Spinat oder
600 g tiefgefrorener Blattspinat

2 mittelgroße Zwiebeln

1 Knoblauchzehe

1½ EL Butter oder Margarine

2 Eier (Kl. M)

100 ml Milch

Salz, Pfeffer aus der Mühle

Muskatnuss, gerieben

100 g Gorgonzola-Mascarpone-
Frischkäse

außerdem

Mehl zum Ausrollen

etwas Butter oder Margarine
für die Form

Pro Portion: 17 g E, 33 g Kh, 25 g F

1. Für den Teig Mehl und Backpulver in einer Schüssel mischen. Magerquark, Milch, Salz und Pflanzenöl darüber geben und mit dem Handrührgerät (Knethaken) zuerst auf niedriger Schaltstufe vermischen. Dann mit den Händen zu einem glatten Teig verarbeiten. Den Teig auf einer wenig bemehlten Fläche ausrollen. Die leicht gefettete Springform (26 cm Durchmesser) damit auslegen und einen Rand etwa 4 cm hochziehen oder Teigstreifen schneiden und andrücken.

2. Den Spinat verlesen (bei derberen Sorten Wurzeln und feste Rippen entfernen), die Blätter gründlich waschen und grob hacken. Tiefgefrorenen Blattspinat nach Packungsempfehlung auftauen und abtropfen lassen.

3. Den Backofen auf 170 °C (Umluft 150 °C, Gas Stufe 2) vorheizen.

4. Zwiebeln und Knoblauchzehe abziehen. Zwiebeln sehr fein hacken, Knoblauchzehe zerdrücken.

5. Butter oder Margarine in einem Topf erhitzen, die Zwiebelwürfel und den Knoblauch darin andünsten, den Spinat hinzufügen und zugedeckt etwa 1 Minute dünsten. Einmal wenden, dann abkühlen lassen.

6. Eier und Milch verquirlen, unter den Spinat heben und mit Salz, Pfeffer und Muskatnuss würzen. Alles auf den Tortenboden geben. Den Käse zerbröckeln und auf dem Belag verteilen.

7. Die Springform in den vorgeheizten Backofen, 2. Schiene von unten, setzen und 20 bis 25 Minuten backen.

Tipps: *Durch zusätzliche Vitamin-C-Gaben in Form von Salat oder frischem Obst kann das Eisen aus dem Spinat und dem Getreide (Vollkornmehl) besser genutzt werden.*

Sie können auch die doppelte Menge Teig zubereiten, eine zweite Springform damit auslegen und den Boden im Backofen in der halben Backzeit backen. Dann den Teig in der Form einfrieren. Bei Bedarf unaufgetaut mit einem pikanten Belag belegen und im vorgeheizten Backofen fertig backen. Dann wird nur die Hälfte der Backzeit benötigt.

Lauchtorte

1. Alle Zutaten für den Teig mit dem Knethaken des Handrührgeräts in einer Schüssel zu einem geschmeidigen Mürbteig mischen, dann mit der Hand verkneten, zu einer Kugel formen, flach drücken und in Frischhaltefolie gewickelt 30 Minuten kühl stellen.

2. Inzwischen Lauch putzen, von den Lauchstangen jeweils das Wurzelende und den grünen Teil abschneiden, sodass nur noch die weißen und hellgrünen Teile übrigbleiben. Die Stangen der Länge nach einritzen, gründlich waschen und in fingerbreite Stücke schneiden.

3. Butter oder Margarine in einem Topf zerlassen und die Lauchstücke darin zugedeckt 3 bis 4 Minuten dünsten; dann abkühlen lassen.

4. Den Backofen auf 200 °C (Umluft 18 °C, Gas Stufe 3½) vorheizen. Den Teig auf einer leicht bemehlten Arbeitsfläche in Größe der Springform ausrollen, die Springform mit dem Teig auskleiden und dabei einen etwa 3 cm hohen Rand formen. Den Boden mehrfach mit einer Gabel einstechen, damit er sich nicht wölbt.

5. Den Käse reiben. Mit Eiern, Gewürzen und Schmant (Crème fraîche) gut verquirlen und mit dem abgekühlten Lauch mischen. Diese Mischung auf dem Boden gleichmäßig verteilen.

6. In den vorgeheizten Backofen, 2. Schiene von unten, setzen und etwa 45 Minuten backen. Die Torte in Stücke schneiden und noch warm servieren.

Pro Stück: 12 g E, 17 g Kh, 25 g F

Für 1 Springform (26 cm Ø):

Teig

200 g Mehl

1 gestrichener TL Backpulver

1 Ei (Kl. M)

2 EL Wasser

100 g Butter oder Margarine

1 Prise Salz

Belag

1,2 kg Lauch

1 gestrichener EL Butter oder Margarine

Eier-Schmant-Masse

100 g Appenzeller oder anderer Hartkäse

3 Eier (Kl. M)

250 g Schmant (ersatzweise Crème fraîche)

Salz

je 1 Prise geriebene Muskatnuss und Zimt

Mehl zum Ausrollen

3

EINTÖPFE UND AUFLÄUFE

⊠ 20 Min. + 10 Min.
⊞ 209 kcal pro Portion

Zucchini-Gratin

1. Die Zwiebel abziehen und sehr fein schneiden. Die Champignons putzen, dunkle Flecke und die Stiele entfernen, die Pilze mit Haushaltspapier oder einem Pinsel abtupfen und in dünne Scheiben schneiden.

2. Die Zucchini waschen, trockentupfen; nur die Spitze und den Stielansatz abschneiden. Je nach Dicke, längs halbieren und in ½ cm dicke Scheiben schneiden.

3. Den Backofen auf 200 °C (Umluft 180 °C, Gas Stufe 3½) vorheizen. Das Pflanzenöl in einer großen Pfanne erhitzen und die Zwiebelwürfel darin andünsten. Curry einrühren und kurz mitdünsten.

4. Die Zucchini- und Champignonscheiben zufügen, mehrmals wenden, mit Salz und Pfeffer würzen, mit Zitronensaft beträufeln und zugedeckt etwa 4 bis 5 Minuten garen. Meerrettich und abgeriebene Zitronenschale unterrühren.

5. Alles in eine flache feuerfeste Form geben, den Feta-Käse darüber krümeln und die Form in den vorgeheizten Backofen (2. Schiene von unten) setzen und 10 Minuten backen.

6. Inzwischen Thymian abbrausen, trockenschwenken, die Blättchen von den Stielen abzupfen. Zum Servieren den Auflauf mit den frischen Thymianblättchen bestreuen.

Pro Portion: 11 g E, 5 g Kh, 15 g F

Tipp: *Nach gleichem Rezept können Sie auch einen Salat zubereiten. Das Überbacken im Backofen entfällt. Eventuell zusätzlich 3 EL Zitronensaft und 2 TL Meerrettich, je nach Geschmack, zugeben. Dann sollten Sie statt Thymian gehackte Petersilie verwenden.*

Für 4 Portionen:
1 kleine Zwiebel
250 g braune Champignons
500 g Zucchini
3 EL Pflanzenöl
2 TL milder Curry
Salz, Pfeffer
2 EL Zitronensaft
2 TL geriebener Meerrettich, eventuell aus dem Glas
etwas abgeriebene Schale von 1 Zitrone (unbehandelt)
150 g Feta-Käse
4 Stiele Thymian

Für 4 Portionen:

1 Gemüsezwiebel, etwa 200 g

3 Knoblauchzehen

400 g Auberginen

400 g Zucchini

1 Paprikaschote, etwa 200 g

1 Bd. gemischte Kräuter
der Provence
(oder 3 TL getrocknete)

3–4 EL Olivenöl

400 g reife (Flaschen-)Tomaten

50 g Parmesan

Salz, Pfeffer

Klassischer Gemüsetian

1. Den Ofen auf 200 °C (Ober-/Unterhitze) vorheizen. Zwiebel und Knoblauch häuten, in sehr feine Scheiben schneiden, Auberginen und Zucchini in etwa 1 cm breite. Paprikaschote entkernen, in Streifen schneiden. Blätter von den Kräuterstielen zupfen.

2. Eine Auflaufform (etwa 25 cm × 25 cm) mit 1 TL Öl auspinseln, dicht mit den Zwiebelscheiben belegen, salzen und pfeffern. Darauf eine Lage Auberginen geben, einen Teil der Kräuter und etwas Knoblauch, salzen, pfeffern und 1 EL Öl darüberträufeln. Das Ganze mit den Zucchinischeiben und zum Schluss mit Tomaten in Scheiben wiederholen, jede Lage wie die Auberginen würzen.

3. Alufolie darüberlegen, ein paar Löcher hineinstechen, etwa 50 Minuten backen. Die Folie abnehmen, mit geriebenem Parmesan bestreuen und weitere 10 Minuten backen.

Pro Portion: 8 g E, 10 g Kh, 15 g F

Fenchelgratin mit Parmesankruste

1. Backofen auf 180 °C (Umluft: 160 °C) vorheizen. Währenddessen die Fenchelknollen waschen, braune Stellen und hartes Grün entfernen, Strunk etwas abschneiden. Fedriges Grün zum Dekorieren beiseitelegen. Die Knollen längs in knapp 1 cm dicke Scheiben schneiden.

2. Den Fenchel in 500 ml gesalzenem Wasser und dem Wein oder Apfelsaft 5 bis 6 Minuten garen. Währenddessen den Parmesan reiben, mit dem zwischen den Fingern zerbröselten Brot, den Kräutern, durchgepressten Knoblauchzehen und 2 Eiern vermischen. Mit Salz und frisch gemahlenem Pfeffer abschmecken.

3. Eine große, flache Auflaufform mit Olivenöl auspinseln, dann den in einem Sieb abgetropften Fenchel in der Form auslegen. Die Parmesan-Eier-Mischung darüber verteilen. Im vorgeheizten Ofen auf mittlerer Schiene 25 Minuten backen. Mit Fenchelgrün garnieren.

Pro Portion: 7 g E, 11 g Kh, 8 g F

Tipp: *Wenn Sie ein Fenchelgratin als Hauptmahlzeit servieren wollen, schichten Sie zusätzlich zum Fenchel etwa 300 g gekochte Kartoffelscheiben in die Auflaufform und geben Sie 200 g Crème fraîche zur Parmesan-Mischung. Bei 200 °C (Umluft 180 °C) etwa 30 Minuten backen.*

Für 4 Portionen:

800 g Fenchelknollen
½ TL Salz
250 ml Weißwein (ersatzweise Apfelsaft)
50 g Parmesan
50 g Vollkorntoast (etwa 2 Scheiben), ungetoastet
½ TL italienische Kräuter, getrocknet
2–4 Knoblauchzehen
2 Eier
Salz, Pfeffer
2 EL Olivenöl

Kartoffelgratin mit Camembert

Für 4 Portionen:

20 g Butter

1 kg vorwiegend festkochende Kartoffeln

1 EL frische Thymianblätter oder Rosmarinnadeln
(oder ½ TL getrocknete Kräuter)

Salz, Pfeffer

250 g Ziegencamembert

1 Knoblauchzehe

3 EL Sahne

1. Eine Auflaufform von mindestens 1,5 l Fassungsvermögen mit Butter auspinseln. Backofen auf 180 °C vorheizen.

2. Kartoffeln waschen, schälen, in dünne Scheiben (etwa 2 mm dick) hobeln. 1 Minute in kochendem Salzwasser blanchieren, mit Küchenpapier abtupfen.

3. Boden und Ränder der Form mit knapp der Hälfte der Scheiben auslegen. Thymian oder Rosmarin daraufgeben, etwas pfeffern und salzen. Camembert (unzerteilt) in die Mitte legen, die restlichen Kartoffelscheiben darüber. Knoblauch hacken, mit der Sahne mischen, und über das Gratin geben.

4. Mit Alufolie bedecken und mit einem Gewicht (Teller) beschweren, 1 Stunde bei 180 °C backen. 1 Stunde auskühlen lassen, dann vorsichtig stürzen und in Portionen teilen. Dazu passt Salat oder eine mediterrane Gemüsekombination wie Ratatouille.

Pro Portion: 18 g E, 31 g Kh, 24 g F

Tipp: *Besonders mild ist Brie, besonders würzig Rotschimmelkäse (Munster). Wichtig sind Reife und Konsistenz: Ein nicht ausgereifter Camembert ist unaromatisch mit festem Inneren, ein zu reifes Exemplar flüssig mit unangenehmer Schärfe, die sich beim Backen sogar noch verstärkt.*

Gemüse al forno

1. Kartoffeln schälen, in Scheiben schneiden, eine flache gefettete Auflaufform damit auslegen. In Scheiben geschnittene Knoblauchzehen, Oregano und frisch gemahlenen Pfeffer darüberstreuen, salzen, Rosmarinzweige darauflegen.

2. Die Paprika in Stücke, die Zucchini ungeschält in Scheiben, den Fenchel in dünne Scheiben schneiden. Alles miteinander mischen, salzen und auf die Kartoffeln geben.

3. Tomaten in Scheiben schneiden, das Gemüse damit abdecken, salzen und mit Öl beträufeln. 50 Minuten im vorgeheizten Backofen bei 180 °C backen. Je nach Geschmack mit dunklem Balsamessig parfümieren.

Pro Portion: 7 g E, 23 g Kh, 10 g F

Tipps: *Statt der frischen Tomaten tun's auch ganze Tomaten aus der Konserve (große Dose). Statt mit Kartoffeln können Sie die Form auch mit angerösteten Auberginenscheiben auslegen.*

Info: *Wenn Paprikas, vollgetankt mit Sonne, von grün zu rot gereift sind, stecken sie prallvoll mit Vitamin C. Angst vor Pestiziden brauchen Sie nicht zu haben, auch wenn wir sie in unseren Tests immer noch regelmäßig finden. Meist aber nur in Spuren, und die sind weniger schädlich, als Paprika Ihrer Gesundheit nützt.*

Für 4 Portionen:

500 g festkochende Kartoffeln
1 EL Rapsöl
4 Knoblauchzehen
1 TL frischer Oregano (oder ½ TL getrockneter)
Pfeffer, Salz
2 Zweige Rosmarin (oder ½ TL getrockneter)
250 g rote Paprika
250 g Zucchini
300 g Fenchel
500 g Fleischtomaten (ersatzweise Dosentomaten)
Salz
4–5 EL Rapsöl
einige Spritzer dunkler Balsamessig

Spargelgratin mit Wein und Sahne

Für 4 Portionen:

800 g Kartoffeln

1,2 –1,5 kg Spargel, grün und weiß gemischt

1 Bd. Frühlingszwiebeln

1 Bd. junge Möhren (etwa 300 g)

1 Bd. frische Kräuter (z. B. Thymian, Basilikum, Kerbel)

500 g Sahne

100 ml Weißwein

außerdem: Salz

1. Kartoffeln schälen und mit einem Spargelschäler in dünne Streifen schneiden. Den weißen Spargel ganz, den grünen in der unteren Hälfte schälen, längs halbieren und in 10 cm lange Streifen schneiden. Die Frühlingszwiebeln in 10 cm lange Streifen schneiden, Möhren schälen, längs halbieren, ebenfalls in 10 cm lange Streifen schneiden. Bei den Kräuter die Blättchen abstreifen und fein hacken.

2. 250 ml Wasser und 250 g Sahne in einen Bräter oder einen flachen großen Topf gießen, salzen.

3. Kartoffeln und Gemüse lagenweise einschichten, salzen nach Geschmack. Das Gericht verträgt insgesamt ordentlich Salz. Wein und die restliche Sahne darübergießen. Zum Kochen bringen, die Hitze reduzieren und den Topf zudecken. Auf kleiner Flamme etwa 30 Minuten mehr ziehen als kochen lassen.

4. Die fein gehackten Kräuter darüberstreuen und noch einmal 5–10 Minuten ziehen lassen.

Pro Portion: 13 g E, 39 g Kh, 40 g F

Tipp: Hier wird nicht umgerührt. Die Flüssigkeit sollte trotz des geschlossenen Deckels weitgehend verdampfen, der Auflauf stichfest werden. Eventuell den Deckel zwischendurch kurz anheben.
Das Gericht schmeckt aber auch etwas flüssiger – oder auch kalt.

Mangoldlasagne

1. Wachsweiche Butter mit Mehl mindestens eine Stunde vorher verkneten, kühl stellen.

2. Ofen auf 180 °C vorheizen. Wurzelansatz vom Mangold abschneiden, waschen. Fleischige Blattstiele abtrennen, in kleine Würfel schneiden, Blattgrün grob zerteilen. Die Pinienkerne ohne Fett anrösten, beiseitestellen.

3. Gehackte Zwiebeln in Öl andünsten, gewürfelte Mangoldstiele, dann das Blattgrün dazugeben, etwa 2 Minuten sanft garen. Pinienkerne unterheben, salzen, pfeffern.

4. Bechamelsauce: Milch und Wasser aufkochen, Mehlbutter in kleinen Portionen unter Rühren zugeben. Mit Orangensaft erneut aufkochen, etwa Dreiviertel des Käses (150 g) unterheben, salzen, pfeffern.

5. In eine gefettete Auflaufform eine dünne Schicht Sauce geben, dann abwechselnd Lasagneblätter, Mangold und Sauce einschichten. Den restlichen Käse auf der obersten Saucenschicht verteilen, etwa 40 Minuten im vorgeheizten Ofen backen.

Tipps: *Ohne Käse wird die Lasagne pro Person um 200 Kilokalorien schlanker.*

Sie sollten Mangoldblätter nicht roh verzehren. Sie enthalten sehr viel Oxalsäure, die beim Kochen aber reduziert wird. Stielmangold hat deutlich stärkere Mittelrippen als Blattmangold und muss länger garen.

Mehlbutter lässt sich gut im Kühlschrank aufheben. Wenn sie in kleinen Portionen in heiße Flüssigkeit kommt, schmilzt das Fett, die Mehlteilchen gehen nach und nach in die Flüssigkeit über und binden sie.

Für 4 Portionen:
70 g Butter
70 g Mehl
1 Mangoldstaude (etwa 800 g)
30 g Pinienkerne
100 g Zwiebeln
2–3 EL Öl
Salz, Pfeffer
500 ml Milch
500 ml Wasser
100 ml Orangensaft
200 g geriebener Käse (wie Appenzeller, Fortina)
250 g Lasagneblätter

Pro Portion: 30 g E, 68 g Kh, 44 g F

Brot-Mangold-Auflauf

Für 4 Portionen:

750 g Mangold
2 EL Öl
Salz, Pfeffer
geriebene Muskatnuss
2 EL Schmant
5 altbackene Brötchen oder 1 kleines Baguette (ca. 200 g)
300 ml Milch
3 Eier
4 EL Parmesan
4 EL Kürbiskerne

Pro Portion: 26 g E, 38 g Kh, 30 g F

1. Mangold waschen, die Blattrippen ausschneiden, eventuell entfädeln und in kleine Stücke schneiden, die Blätter grob zerkleinern.

2. 1 EL Öl in einer Pfanne erhitzen und die Mangoldstiele darin einige Minute anbraten. Die Blätter zugeben und zusammenfallen lassen. Mit Salz, Pfeffer und Muskat abschmecken und den Schmand unterrühren.

3. Backofen auf 180 °C vorheizen. Eine Auflaufform (20 cm × 30 cm) mit dem restlichen Öl einpinseln. Brot in ½ cm breite Scheiben schneiden. Dachziegelartig im Wechsel Brot und Mangoldmix einschichten.

4. Die Milch mit den Eiern verquirlen und kräftig mit Salz und Pfeffer würzen. Den Eierguss über den Auflauf gießen und mit Parmesan und Kürbiskernen bestreuen. Auflauf im Ofen auf mittlerer Schiene 15 bis 20 Minuten backen.

Variante: *Anstatt Mangold kann man auch Chinakohl oder Freilandspinat verwenden.*

⏱ 40 Min. + 30 Min.
🍽 546 kcal pro Portion

Wirsing-Lasagne

1. Die Blätter vom Wirsing lösen, waschen und die Rippen begradigen. 1 l Wasser mit 2 TL Salz in einem Topf zum Kochen bringen und die Blätter kurz blanchieren. Blätter herausnehmen und abtropfen lassen.

2. Das restliche Wasser auf 800 ml ergänzen und die Polenta mit dem Paprikapulver einrühren, kurz aufkochen lassen und vom Herd nehmen.

3. Mozzarella in kleine Würfel schneiden. Schmand und Milch zugeben und mit Pfeffer, Salz und einer abgeriebenen Zitronenschale würzen.

4. In eine gefettete Auflaufform Wirsingblätter, Polenta und die Schmandmischung schichtweise verteilen. Die Wirsingblätter kommen zuerst, Schmand zuletzt. Die Lasagne auf der mittleren Schiene des Backofens bei 200 °C 30 Minuten backen.

Tipp: *Beim Blanchieren die großen Blätter nach unten und die kleinen, zarten Blätter nach oben legen. Das Wasser aufkochen lassen und die Wirsingblätter relativ weich werden lassen.*

Für 4 Portionen:

1 kleiner Wirsingkopf (ca. 700 g)

2 TL Salz

200 g Polenta (Maisgrieß)

1 EL mildes Paprikapulver

250 g Mozzarella

200 g Schmant

100 ml Milch

Salz, Pfeffer

½ unbeh. Zitrone

Pro Portion: 24 g E, 46 g Kh, 30 g F

4

PASTA, COUSCOUS, REIS & CO.

⊠ 30 Minuten
⊡ 260 kcal pro Portion

Couscous mit Cranberries

1. Cranberries zum Quellen mit warmem Wasser übergießen. Kardamomkapseln öffnen, Körner sehr fein zerstampfen, was ein wenig dauert.

2. 200 ml Wasser mit etwas Salz aufkochen. Couscous und Kardamom dazugeben, 5 bis 10 Minuten ausquellen lassen.

3. Butter anbräunen, abgetropfte Cranberries mit Honig und Zimt darin wenden. Couscous zur Buttermischung geben. Mit Salz, eventuell noch etwas Honig abschmecken. Mit Minzeblättchen garnieren.

Pro Portion: 5 g E, 40 g Kh, 9 g F

Tipp: *Couscous wird traditionell in einem Spezialtopf über Dampf gegart. Bei uns gibt es ihn vorgedämpft zu kaufen. Er ist minutenschnell zuzubereiten. Cranberries gibt es fast überall im Supermarkt, die für Persien typischen getrockneten Berberitzen oft nur in orientalischen und türkischen Fachgeschäften oder über das Internet.*

Für 4 Portionen:

50 g getrocknete Cranberries
(oder Berberitzen)

2 grüne Kardamomkapseln
(oder 1 Messerspitze geriebener)

Salz

200 g Couscous

40 g Butter

1 TL Honig

1 TL gemahlener Zimt

etwas frische Minze

Cremiges Pilzrisotto

Für 4 Portionen:

250 g Pfifferlinge (oder andere Pilze)
1–2 EL Öl
100 g Risottoreis
100 ml Weißwein
500 ml Fond, erhitzt
75 g Zucchinisauce (½ kleine Zucchini, ¼ Schalotte, 1 TL Öl)
50 g Parmesan, gerieben
20 g Butter

1. Pilze abbürsten, angetrocknete Ränder abschneiden, große Exemplare eventuell in Scheiben schneiden. Mit 1 EL Öl anbraten, nach 2 Minuten einige schöne Stücke beiseitelegen, den Rest einige Minuten knackig braten. Aus dem Topf nehmen, bei 50 °C abgedeckt im Ofen warm stellen.

2. Reis im Pilztopf mit 1 EL Öl bei mittlerer Hitze 3 bis 5 Minuten glasig dünsten. Mit dem Wein ablöschen. Wenn dieser verkocht ist, 100 ml heißen Fond darübergeben, kurz durchrühren und bei mittlerer Hitze köcheln lassen, bis der Reis die Flüssigkeit aufgesogen hat. Dreimal wiederholen, bis der Reis fast gar ist, im Kern aber noch Biss hat, offen stehen lassen, er muss relativ trocken sein.

3. Für die Zucchinisauce Zucchini schälen, würfeln. Schalotte klein schneiden und mit Öl goldgelb anschwitzen, die Zucchini dazugeben und im geschlossenen Topf etwa 10 Minuten gar dünsten, eventuell 1 TL Wasser dazugeben, nach 5 bis 10 Minuten pürieren.

4. Kurz vor dem Servieren den Risotto mit 100 ml Fond und den Pilzen aus dem Ofen erneut erhitzen. Mit 4 EL Zucchinisauce, Parmesan und 1 EL Butter oder Olivenöl cremig rühren. Mit den beiseitegelegten Pilzen dekorieren.

Pro Portion: 7 g E, 21 g Kh, 21 g F

Tipp: *Die Zucchinisauce können Sie auf Vorrat zubereiten: Bei 500 g Zucchini benötigt man 2 Schalotten und 2 EL Öl. Im Beutel eingefroren, kann man sich bei Bedarf ein Stück abbrechen.*

Blumenkohl-Brokkoli-Curry mit Basmatireis

1. Den Reis erst unter fließendem Wasser in einem Sieb waschen, bis das ablaufende Wasser klar ist, anschließend in 225 bis 250 ml kochendes, leicht gesalzenes Wasser geben und 15 Minuten ziehen lassen. Das Wasser soll bei schräg aufgelegtem Deckel nur leicht sieden, nicht mehr sprudelnd kochen. Stehen lassen.

2. Das Gemüse waschen, putzen und in mundgerechte Stücke schneiden, die Petersilienwurzel kleiner würfeln. Blumenkohl, Möhren und Petersilienwurzel in je 1 EL Butter und Öl in einer Pfanne 4 bis 6 Minuten scharf anbraten.

3. Den Curry kurz mitrösten, dann Sahne, Milch und Brühe dazugeben und mit dem Brokkoli noch einmal kurz aufkochen. Mit Salz, Pfeffer und einer Prise Zucker abschmecken. Basilikum waschen, trocken schütteln, Blätter kleingehackt unter das Gemüse geben. Zum Reis servieren.

Pro Portion: 14 g E, 24 g Kh, 19 g F

Tipp: *Wer Fett sparen möchte, nimmt statt Sahne einfach Vollmilch. Die Sauce wird so ein wenig dünnflüssiger, das schadet hier aber nicht.*

Für 4 Portionen:

150 g Basmatireis
500 g Blumenkohl
100 g Möhren
25 g Petersilienwurzel
1 EL Butter
1 EL Rapsöl
1–2 TL Currypulver
50 ml Sahne
150 ml Milch
350 ml Gemüsebrühe (Instant)
400 g Brokkoli, frisch oder tiefgefroren
½ Bd. Basilikum
Salz, Pfeffer, Zucker

Spinatrisotto
mit Blauschimmel

Für 4 Portionen:

250 g Spinat, tiefgefroren

1 kleine Gemüsezwiebel

3 EL Olivenöl

2 Knoblauchzehen

½ TL Oregano, getrocknet

250 g Risottoreis

50 ml Wein (oder Brühe)

6 EL Sahne

75–120 g milder
Blauschimmelkäse

Rucola und Butter (optional)

Salz, Pfeffer,

geriebener Muskat

1. Spinat auftauen, aufkochen, gut ausdrücken. Zwiebel würfeln, in 2 EL Olivenöl andünsten. Spinat hacken, dazugeben, Knoblauch hineinpressen, mit Oregano und Muskat würzen. Unter Rühren 2 bis 3 Minuten dünsten.

2. In einem anderen Topf den Reis mit 1 EL Öl glasig rösten, mit Wein ablöschen. Wenn der verdampft ist, 500 ml Wasser und Spinat dazugeben, aufkochen, sanft mit Deckel noch 10 bis 15 Minuten köcheln lassen, vom Herd ziehen. Er kann ruhig auskühlen und später serviert werden.

3. Vor dem Servieren 150 bis 200 ml Wasser unter den Reis rühren, dabei erhitzen, dann die Sahne – der Reis soll cremig werden. Blauschimmelkäse in kleinen Portionen unterrühren, bis er sich aufgelöst hat, eventuell etwas Butter und fein gehackten Rucola. Abschmecken und heiß servieren.

Pro Portion: 10 g E, 51 g Kh, 30 g F

Couscous
mit Kirschtomaten

Für 2 Portionen:

180 g Couscous

150 g Kirschtomaten

3 EL glatte Petersilie

½ Limette

1 TL Zitronensaft

2–3 EL Olivenöl

Salz, Pfeffer, Zucker

1. Couscous je nach Packungsangaben etwa 5 Minuten in gekochtem Wasser quellen lassen.

2. Die Tomaten waschen, vierteln und unter den gequollenen Couscous heben. Die in feine Streifen geschnittene Petersilie hinzufügen.

3. Aus dem Saft der halben Limette, dem Zitronensaft und dem Olivenöl ein Dressing rühren, mit Salz, Pfeffer und einer ordentlichen Prise Zucker abschmecken.

Pro Portion: 11 g E, 67 g Kh, 11 g F

Variante: *Wer es gerne süß mag, nimmt 50 g Rosinen oder getrocknete Aprikosen, überbrüht sie mit kochendem Wasser, mischt sie anschließend klein gehackt unter den Couscous und schmeckt mit 1 EL gehackter Minze, Zimt und Kreuzkümmel, etwas geschmolzener Butter sowie einer Prise Salz ab.*

Bulgur mit Gemüse

Für 4 Portionen:

1 große Paprikaschote
(rot, gelb oder grün) oder
250 g Zucchini

1 EL Öl

200 g Bulgur mittelfein

Salz, Pfeffer

1. Das Gemüse waschen, putzen, nach Wunsch in Stücke, Scheiben oder Streifen schneiden.

2. Alles in 1 EL Öl kurz andünsten, mit rund 250 ml Wasser und dem Bulgur aufkochen. Zugedeckt auf kleinster Flamme etwa 5 Minuten quellen lassen, eventuell sogar von der Hitze nehmen. Mit Salz und Pfeffer abschmecken.

3. Nach Belieben zusätzlich würzen (Kreuzkümmel, Paprika) oder schärfen (Pfeffer, Chili, Harissa).

Pro Portion: 7 g E, 38 g Kh, 4 g F

☒ 40 Minuten
☒ 568 kcal pro Portion

Für 2 Portionen:

400 g Blumenkohl

95 g Maisgrieß

250 ml Milch

Salz, Chilipfeffer

100 g Hüttenkäse

1 Ei

Muskatnuss

25 g Cashewkerne

30 g Speisestärke

Rapsöl zum Braten

Pro Portion: 27 g E, 83 g Kh, 13 g F

Polentacreme mit Knusper-Blumenkohl

1. Blumenkohl in große Röschen zerteilen und in einem Dämpfer oder Dämpfaufsatz über kochendem Wasser etwa 10 Minuten vorkochen, sodass die Rösschen noch knackig sind.

2. Inzwischen 70 g Maisgrieß mit 150 ml Wasser, Milch, 1 TL Salz und Chilipfeffer anrühren und zum Kochen bringen. Unter Rühren etwa 5 Minuten bei kleiner Hitze kochen. Hüttenkäse unterziehen und die Creme warm halten.

3. Das Ei in einem tiefen Teller mit etwas Salz und geriebener Muskatnuss verquirlen. Die Cashewkerne fein zermahlen und mit dem restlichen Maisgrieß vermischen. Die abgetropften Blumenkohlröschen erst mit Stärke übersieben und dann im Ei wenden. Zum Schluss in dem Cashew-Grieß-Mix – wie ein Schnitzel – wälzen, gut andrücken.

4. In einer Pfanne das Fett etwa 2 cm hoch einfüllen und erhitzen. Dann die Blumenkohlröschen von allen Seiten knusprig braun braten und auf Küchenpapier abtropfen lassen. Polenta noch heiß mit dem Blumenkohl servieren.

⏱ 20 Min. + 25 Min.
🔥 347 kcal pro Portion

Grünkern-Bratlinge

1. Zwiebel schälen, halbieren und klein würfeln. In einem Topf im Öl glasig dünsten, Grünkern zugeben, kurz mitrösten. Mit 300 ml Wasser ablöschen und zugedeckt bei mittlerer Hitze ungefähr 10 Minuten köcheln und 10 Minuten nachziehen lassen.

2. Ei und Parmesan zugeben und in einer großen Schüssel verkneten, bis die Masse gut formbar ist. Mit Pfeffer würzen.

3. Backofen auf 200 °C vorheizen. Mit angefeuchteten Händen aus der Masse 8 Bratlinge formen und im Sesam wenden. Das Backblech mit Backpapier auslegen, Bratlinge drauflegen und auf der mittleren Schiene im Ofen etwa 15 Minuten goldbraun backen.

Pro Portion: 16 g E, 25 g Kh, 21 g F

Für 4 Portionen:
1 Zwiebel
150 g Grünkernschrot
2 EL Öl
1 Ei
100 g geriebener Parmesankäse
Pfeffer
30 g Sesam
Öl zum Braten

Info: *Das Rösten von Grünkern dämpft den erdigen Geschmack und macht ihn würziger.*

Tipp: *Die Bratlinge können statt im Ofen in einer beschichteten Pfanne in Öl beidseitig goldbraun gebraten werden.*

Grünkernbällchen mit Paprika und Kartoffel-Sellerie-Stampf

1. Den Ofen auf 150 °C (Ober-/Unterhitze) vorheizen. Kartoffeln und Sellerie schälen, in Stücke (1,5 cm x 1,5 cm) schneiden, in einem Topf mit 500 ml Brühe garen. Bratlingsmischung nach Packungsanleitung etwa 10 Minuten quellen lassen.

2. Die Paprikaschoten entkernen, die Schalotten schälen, beides würfeln. Mit dem Lorbeer in 1 EL Rapsöl 3 bis 5 Minuten leicht anbräunen. Nicht zu braun werden lassen, sonst wird die Paprika bitter. 100 ml Brühe und die gestückelten Tomaten dazugeben, 10 bis 15 Minuten köcheln lassen. Abschmecken mit Salz und einer Prise Zucker. Petersilie und Basilikum waschen, trocken schütteln, die Blätter hacken und dazugeben.

3. Inzwischen das Ei unter die Grünkernmasse mischen. Aus der Masse mit 2 Esslöffeln kleine Kugeln formen, in 1 EL Rapsöl 2 bis 4 Minuten von jeder Seite braten. Im Ofen auf einem mit Küchenpapier ausgelegten Teller warm stellen.

4. Für das Püree die Milch in einem kleinen Topf erwärmen. Die Hälfte der Brühe in eine Schüssel gießen und beiseite stellen. Kartoffel- und Selleriegemüse nach Wunsch cremig oder stückig stampfen, die erwärmte Milch untermischen und je nach gewünschter Konsistenz etwas Brühe. Mit Butter und Salz abschmecken und zusammen mit dem Paprikagemüse und den Grünkernbällchen servieren.

Pro Portion: 10 g E, 34 g Kh, 1 g F

Tipp: *Fertige Mischungen mit Grünkern oder auch Dinkel sind unschlagbar praktisch: Sie halten sich lange und lassen sich gut zu vegetarischen Klößchen und Aufläufen verarbeiten.*

Für 6 Portionen:

800 g Kartoffeln, vorwiegend festkochend

800 g Knollensellerie

600 ml Gemüsebrühe

100 g Grünkernbratlingsmischung

500 g Paprikaschoten (rot und gelb)

3 Schalotten

1 Lorbeerblatt

2–3 EL Rapsöl

400 g gestückelte Tomaten (Dose oder Tetrapak)

½ Bd. glatte Petersilie

½ Bd. Basilikum

1 Ei

300 ml Milch

1 EL Butter

Salz, Zucker

Linsen mit Tomatenconfit und Ziegencamembert

Für 4 Portionen:

250 g Berglinsen

1 Gemüsezwiebel

2 Knoblauchzehen

600 g kleinere und größere Tomaten

250 g Räuchertofu

400 g Ziegencamembert

500 ml passierte Tomaten (Packung oder Glas)

einige Stiele Rosmarin (oder Thymian)

einige Stiele Basilikum

außerdem: Olivenöl, Salz, Honig

1. Die Berglinsen nach Packungsanweisung kochen und abgießen, Gemüsezwiebel schälen, fein würfeln. Die Knoblauchzehen ebenfalls schälen, fein würfeln. Die kleineren Tomaten einritzen, die größere Tomaten vierteln. Den Räuchertofu grob reiben und den Ziegencamembert in Scheiben oder Dreiecke schneiden. Beim Rosmarin die Nadeln abzupfen und hacken, Basilikum-Blätter abzupfen.

2. Linsen aufsetzen. Zwiebel und Knoblauch mit Rosmarin in 2 EL Olivenöl anbraten, Tomatenpüree und 1 EL Honig dazugeben, salzen und etwa 10 Minuten köcheln lassen. Tomaten und Tofu hinzufügen, erneut aufkochen und 5–10 Minuten sanft weiterkochen.

3. Die Linsen unter das Confit heben, mit Salz und eventuell noch Olivenöl abschmecken. Alles auf einer Platte anrichten, mit Ziegenkäse belegen und mit Basilikum garnieren. Die Linsen sollten nicht zu heiß sein, sonst schmilzt der Camembert schnell.

Pro Portion: 45 g E, 49 g Kh, 37 g F

Tipps: *Diese Kombination schmeckt auch kalt. Lauwarm ist das Aroma aber am besten.*

Das Gericht präsentiert sich am schönsten, wenn die Tomaten noch nicht verkocht sind, sondern sichtbar bleiben.

Linguini
mit Artischocken und Dill

1. Linguini in kochendem Salzwasser nach Packungsanleitung bissfest kochen.

2. Inzwischen die Artischockenherzen je nach Größe und Gusto ganz lassen, halbieren oder vierteln. Schalotte und Knoblauch schälen und klein hacken, in einer heißen Pfanne mit Olivenöl leicht braun rösten. Die Artischocken dazugeben und etwa 2 Minuten mitbraten. Die Tomaten würfeln und zusammen mit der Butter zu den Artischocken geben. Alles mit Salz, Pfeffer und einer Prise Zucker würzen, mit etwas Zitronensaft und dem Dill abschmecken.

3. Die Pasta abgießen, aber nicht völlig abtropfen lassen, ein Rest Kochwasser gibt der Sauce den letzten Schliff für die richtige Konsistenz. Eventuell etwas Butter dazugeben. Mit Parmesan bestreuen und sofort servieren.

Für 2 Portionen:

250 g frische Linguini

6 eingelegte Artischockenherzen

1 Schalotte

1 Knoblauchzehe

2 EL Olivenöl

5 getrocknete Tomaten (in Öl)

1 EL Butter

Salz, Pfeffer, Zucker

Zitronensaft

1–2 EL Dill, grob gehackt

4 EL Parmesan, gehobelt

Pro Portion: 24 g E, 100 g Kh, 30 g F

Makkaroni-Pastete mit Tomatensauce

Für 4 Portionen:

300 g Makkaroni

250 g frischen Spinat

1 Knoblauchzehe

50 g Pinienkerne

3 Eier

100 g Magerquark

100 g Gorgonzola

25 g Maismehl

Salz, Pfeffer

Muskatnuss

2 EL Olivenöl

200 g Staudensellerie

500 g passierte Tomaten

Pro Portion: 30 g E, 64 g Kh, 25 g F

1. Backofen auf 200 °C (Ober-/Unterhitze) vorheizen. Nudeln nach Packungsbeilage in reichlich Salzwasser bissfest garen.

2. Spinat gründlich waschen, die harten Stiele abknipsen und Blätter fein hacken. Knoblauch abziehen und zusammen mit den Pinienkernen fein hacken.

3. In einer großen Schüssel 2 Eier, Quark, Käse, Mehl, Knoblauch und Pinienkerne verrühren. Spinat unterziehen und alles kräftig mit Salz, Pfeffer und Muskatnuss würzen.

4. Das 3. Ei verquirlen und mit den Makkaroni mischen. Eine runde, feuerfeste Schüssel (ca. 23 cm) mit Öl einpinseln und Makkaroni spiralförmig auf den Boden und die Wand der Schüssel legen. Dabei nach und nach die Füllung hineingeben und andrücken, damit die Nudeln an der Wand der Schüssel haften bleiben. So weiter verfahren, bis die Füllung komplett eingeschichtet ist. Mit Makkaroni bedecken. Abgedeckt im Ofen auf mittlerer Schiene ca. 45 Minuten garen.

5. Inzwischen Sellerie waschen, putzen und Stiele in feine Scheiben schneiden. Restliches Öl in einer Pfanne erhitzen, dann Tomaten und Sellerie zugeben und mit einem Spritzschutz leicht einkochen lassen. Salzen, pfeffern und nach Wunsch pürieren. Zur Pastete reichen.

Falsche Schinkenfleckerl

1. Pasta in Salzwasser al dente kochen, abgießen, und mit 1 EL Rapsöl mischen, damit die Nudeln nicht zusammenkleben.

2. Räuchertofu in kleine Würfel schneiden, Zwiebeln schälen und fein hacken. Beides in 4 EL Rapsöl anbraten, mit 100 ml Wasser und der Sahne ablöschen.

3. Majoran und Petersilie hacken und mit den Erbsen und Salz dazugeben, alles 5 Minuten bei kleiner Hitze kochen lassen.

4. Die Nudeln unter die Sauce heben und servieren.

Pro Portion: 29 g E, 108 g Kh, 44 g F

Info: *Als österreichische Antwort auf Spaghetti carbonara oder einfach Schinkennudeln verlangt das Gericht eigentlich spezielle Fleckerlnudeln. Diese österreichische Nudelspezialität ist in Deutschland aber nur schwer zu bekommen. Man darf sich die Fleckerln wie extrem kurze, quadratische Bandnudeln vorstellen, etwa 2 cm x 2 cm groß. Wenn Sie keine Fleckerln im Laden finden, nehmen Sie einfach Nudeln ähnlicher Größe – wie kleine Farfalle oder schwäbische Muschelnudeln.*

Für 4 Portionen:

500 g Fleckerlnudeln (oder andere kurze, breite Nudeln)
300 g Räuchertofu
1 große Zwiebel
250 g Sahne
4–5 Stiele Majoran (oder Thymian)
1 Bd. Petersilie
300 g Tiefkühlerbsen
außerdem: Salz, Rapsöl

Pasta mit Auberginensalsa

Für 4 Portionen:

2 Auberginen (etwa 600 g)

500 g Tagliatelle

1 Bd. Frühlingszwiebeln

8 Knoblauchzehen

6 EL passierte Tomaten

400 g kleinere Tomaten

außerdem: Olivenöl, Salz, Pfeffer

Pro Portion: 23 g E, 110 g Kh, 33 g F

1. Ofen auf 200 °C vorheizen.

2. Auberginen ringsum mit einer Gabel mehrere Male einstechen und im Ganzen auf einem geölten oder mit Backpapier ausgelegten Blech etwa 40 Minuten backen. Auskühlen lassen, halbieren und mit einem Löffel das Fruchtfleisch herauskratzen. Mit 2 EL Olivenöl und Salz pürieren.

3. Pasta in Salzwasser bissfest kochen.

4. Inzwischen Frühlingszwiebeln in Ringe schneiden, Knoblauch schälen und in Scheiben schneiden. Bei den Tomaten den Stielansatz entfernen. Zwiebeln und Knoblauch in 4 EL Öl anbraten, passierte Tomaten dazugeben, salzen, pfeffern; dann die ganzen Tomaten mit der Schnittstelle nach unten in die Tomatensauce legen. Zugedeckt 5 Minuten köcheln lassen. Wenn die Haut stört, mit einer Gabel abziehen. Die pürierten Auberginen in die Sauce rühren. Zusammen mit den Nudeln in einer Schüssel servieren.

Tipps: *An heißen Tagen glänzt das Gericht als Nudelsalat. Dazu Pasta und Sauce ausgekühlt kurz vor dem Essen mischen. Salsa auf Vorrat hält sich im Kühlschrank einige Tage.*

Dazu passt: *Parmesan, frische Kräuter wie Basilikum und Thymian.*

☒ 15 Minuten
☒ 387 kcal pro Portion

Fusilli mit geschmolzenen Tomaten

1. Fusilli im gesalzenen Nudelwasser bissfest kochen.

2. Tomaten über Kreuz einritzen, mit heißem Wasser überbrühen, Haut abziehen, klein würfeln. Schalotte fein würfeln, Knoblauchzehe in feine Scheiben schneiden. In einer großen Pfanne im Olivenöl zuerst die Schalotte, dann den Knoblauch anrösten. Tomaten dazugeben, mit Salz, Pfeffer und einer Prise Zucker würzen. Mit dem Weißweinessig ablöschen. Butter dazugeben und für 5 Minuten bei kleiner Hitze köcheln lassen. Abschmecken und eventuell nachwürzen.

3. Den Estragon waschen und in feine Streifen schneiden, unter die Tomaten mischen. Wenn die Sauce zu dickflüssig sein sollte, etwas Nudelwasser unter die Sauce ziehen. Die abgegossenen Nudeln in die Pfanne geben. Mit frisch geriebenem Parmesan bestreuen und servieren.

Pro Portion: 14 g E, 58 g Kh, 10 g F

Für 4 Portionen:

300 g Fusilli
(oder andere kurze Nudeln)

5 große Tomaten (z. B. Roma)

1 große Schalotte

1 große Knoblauchzehe

1–2 EL Olivenöl

Salz, Pfeffer, Zucker

1 EL Weißweinessig

1–2 EL Butter

4 EL frischer Estragon
(oder 2 EL getrockneter)

Parmesan

Für 4 Portionen:

2 Schalotten

½ Bd. Basilikum

½ Bd. glatte Petersilie

300 g Zucchini

400 g Tomaten
(am besten 300 g Fleischtomaten
und 100 g kleine Roma-Tomaten)

1 EL Rapsöl

1 EL Butter

100 g schwarze Oliven, entsteint

50 g grüne Oliven, entsteint

1 TL Zitronensaft
(oder heller Balsamessig)

500 g Farfalle
(oder andere kurze Pasta)

Salz, Zucker

Farfalle mit Zucchini, Tomaten und Oliven

1. Die Schalotten schälen und würfeln. Kräuter waschen, trocken-schleudern, die Blätter in feine Streifen schneiden. Gemüse waschen. Zucchini an den Enden kappen, würfeln. Tomaten halbieren, den Strunk entfernen, in kleine Würfel schneiden, dabei den Saft auf-fangen.

2. Die Zucchini mit den Schalotten in 1 EL Rapsöl 2 bis 3 Minuten scharf anbraten. Die Tomaten mit dem Saft und den Oliven dazuge-ben. Kurz durchrühren, mit 1 EL Butter, Salz, einer Prise Zucker und Zitronensaft abschmecken.

3. Die Pasta mit 1 EL Salz in etwa 4 l Wasser bissfest kochen. Abgießen, tropfnass zu der Gemüsesauce geben. Alles gut durchmischen, die Kräuter darüber streuen und in einer großen Schüssel servieren. Wer mag, nimmt gehobelten Parmesan darüber.

Pro Portion: 13 g E, 67 g Kh, 9 g F

5

GEMÜSE AUS
JEDER SAISON

⊠ 20 Min. + 30 Min.
⊡ 617 kcal pro Portion

Artischockenstiel-Risotto

1. Die Artischockenstiele sehr sorgfältig schälen, alle Fäden dabei abziehen und nur das zarte Herz übrig lassen. Die Stiele klein würfeln, ebenso die Zwiebel.

2. Beides im Topf im heißen Öl andünsten. Die Chilischote entkernen, zerkrümeln und zufügen. Den Reis hinzuschütten und alles gut mischen. Die Zitronenschale mit dem Sparschäler dünn abschneiden, dann sehr fein würfeln und unter den Reis mischen. Auch den ebenfalls sehr fein gewürfelten Knoblauch unterrühren.

3. Schließlich den Wein angießen und verdampfen lassen. Die Brühe und Salz zufügen. Aufkochen, den Topf verschließen, 30 Minuten auf kleiner Stufe garen.

4. Den Topf öffnen. Parmesan und Butter einrühren, eventuell auch noch einen Schuss Brühe, bis der Risotto schön cremig ist. Mit Zitronensaft würzen. Mit einem Stück Zitronenschale und Petersilie garnieren.

Pro Portion: 14 g E, 66 g Kh, 28 g F

Für 2 Portionen:
Stiele von 3–6 Artischocken
1 Zwiebel
2–3 EL Olivenöl
1 getrocknete kleine Chilischote
150 g Risottoreis (Carnaroli)
1 Zitrone
2 Knoblauchzehen
250 ml Weißwein
600 ml Brühe
Salz
30 g frisch geriebener Parmesan
30 g Butter
eventuell 2–3 EL Brühe zum Verdünnen
Petersilie

Frühlingstortilla mit grünem Spargel

Für 4 Portionen:

100 g Zwiebeln

2 Knoblauchzehen

4 EL Rapsöl

200 g grüner Spargel

100 g Erbsen

300 g Pellkartoffeln

Salz, Pfeffer

200 g Kirschtomaten

½ Bd. Rucola oder Petersilie

8 Eier

1. Zwiebeln und Knoblauch klein gehackt in 2 EL Öl in einer Pfanne andünsten. Spargel waschen, unteres Drittel schälen, in schräge Scheiben schneiden, knapp 10 Minuten mitdünsten. Erbsen dazugeben, 5 Minuten mitgaren. Das Gemüse sollte bissfest bleiben.

2. Gepellte Kartoffeln – am besten vom Vortag – in dünne Scheiben schneiden, mit dem gegarten Gemüse in eine Schüssel geben, mit Salz und Pfeffer würzen. Halbierte Tomaten, Rucola oder Petersilie unterheben.

3. Eier aufschlagen, verquirlen, kräftig abschmecken, mit der Kartoffel-Gemüse-Zubereitung vermischen. Wieder 2 EL Öl in die Pfanne geben, die Ei-Gemüse-Mischung hineingießen, etwa 10 Minuten bei mittlerer Temperatur leicht stocken lassen. Großen Teller über die Pfanne legen, wenden und Tortilla in der Pfanne auf der anderen Seite etwa 4 Minuten fertig garen.

Pro Portion: 20 g E, 20 g Kh, 24 g F

Tipp: *Es muss auch nicht grüner Spargel sein: Das Gericht ist eine ideale Resteverwertung. Pilze, Oliven, Fenchel, Zucchini, Auberginen – alles, wonach Ihnen der Sinn steht und was im Kühlschrank wartet, passt dazu.*

☒ 30 Min. + 15 Min.
☐ 297 kcal pro Portion

Kürbisnockerln mit Paprikasauce

1. Kürbisfruchtfleisch sehr fein raspeln, mit 300 ml kaltem Wasser mischen und Kloßmehl unterkneten. Mit Salz und Pfeffer würzen. Den Teig 10 Minuten quellen lassen.

2. Paprikaschoten waschen, halbieren, putzen und in kleine Würfel schneiden. Die Zwiebel schälen, ebenfalls würfeln.

3. Öl in der Pfanne erhitzen und Zwiebel- und Paprikawürfel darin anbraten, salzen und pfeffern. Zugedeckt ca. 15 Minuten dünsten. Wenn nötig etwas Wasser ergänzen. Sojacreme zugeben und pürieren, mit Salz, Pfeffer und Cayennepfeffer abschmecken.

4. Den Kloßteig nochmals durchkneten und mit 2 angefeuchteten Teelöffeln zu Nockerln formen. Diese in reichlich kochendes Salzwasser geben und 4–5 Minuten garen, bis sie nach oben steigen. Herausnehmen und gut abtropfen lassen.

5. Kürbiskerne in einer Pfanne ohne Fett rösten. Kürbiskernöl zugeben und Nockerln darin schwenken.

Für 4 Portionen:

400 g Kürbis, ohne Schale (z. B. Hokkaido)

1 Pckg. Kloßteig „halb und halb" für Kartoffelknödel (ca. 200 g)

Salz, Pfeffer

3 rote Paprikaschoten

1 Gemüsezwiebel

3 EL Rapsöl

100 ml Sojacreme (oder Sahne)

Cayennepfeffer

3 EL Kürbiskerne

1 EL Kürbiskernöl

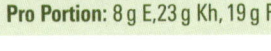

Pro Portion: 8 g E, 23 g Kh, 19 g F

⏱ 15 Min. + 30 Min.
🔥 516 kcal pro Portion

Gefüllte Gurken

1. Gurken waschen, schälen, längs halbieren, die Kerne mit einem Teelöffel herauskratzen, beiseitelegen. Gurke salzen und pfeffern.

2. Topf mit Wasser ausschwenken, die Milch mit 1 TL Salz zugeben und zum Kochen bringen, die Polenta einrühren, pfeffern und mit reichlich Muskatnuss würzen.

3. Polenta bei kleiner Hitze dick kochen. Feta und Oliven hacken, unter die Polenta ziehen und abschmecken.

4. Mischung in die Gurkenhälften füllen, fest andrücken. Zwiebeln und Knoblauch schälen und klein hacken. In einer Pfanne im Öl andünsten, mit Weißwein ablöschen, Gurkeninneres zugeben und würzen. Gurken hineinsetzen und bei mittlerer Hitze zugedeckt 30 Minuten schmoren.

5. Gurken herausnehmen. Zum Fond Sauerrahm geben und dazu servieren.

Varianten: *Klappt auch mit Salatgurke – dann sollte man aber die Schale streifenweise dranlassen. Statt Feta schmecken auch gehackte Walnüsse oder getrocknete Tomaten.*

Für 4 Portionen:

4 Schmorgurken (je 200–250 g)

Salz, Pfeffer

500 ml Milch (1,5 % Fett)

150 g Polenta (Maisgrieß)

Muskatnuss

100 g Feta

100 g grüne Oliven ohne Kern

2 EL Rapsöl

1 Zwiebel

2 Knoblauchzehen

200 ml Weißwein

150 g Sauerrahm (20 % Fett)

Pro Portion: 15 g E, 43 g Kh, 27 g F

Kürbisravioli

Für 4 Portionen:

Nudelteig

250 g Mehl

2–3 Eigelb

1–2 ganze Eier

1 TL Salz

2–3 EL Olivenöl

1 EL Salz

Kürbisfüllung

300 g Hokkaidokürbis
(geputzt gewogen)

2 EL Olivenöl

Salz, Pfeffer, Cayennepfeffer

1 TL Kümmel, Muskat

3 Stängel glatte Petersilie

3–4 Amaretti
(italienisches Mandelgebäck)

1 Eigelb

außerdem:
3–4 Salbeizweige, 60 g Butter,
4 EL frisch geriebener Parmesan

Pro Portion: 15 g E, 56 g Kh, 32 g F

1. Das Mehl für den Nudelteig in die Rührschüssel füllen, den Knethaken einsetzen. Die Eigelb zufügen, ebenso die ganzen Eier und Salz. Die Maschine zuerst 2 Minuten auf kleiner Einstellung kneten lassen, dabei das Öl zufügen. Die Geschwindigkeit erhöhen und den Teig beobachten: Falls er zu fest wirkt, einige Tropfen lauwarmes Wasser zufügen. Ist er dagegen zu weich, ein bis zwei Löffel Mehl einarbeiten.

2. Den Teig schließlich mit dem Teigschaber aus der Schüssel kratzen, auf der bemehlten Arbeitsfläche von Hand durchkneten und schließlich luftdicht in einen Gefrierbeutel verpackt bei Zimmertemperatur eine halbe Stunde ruhen lassen. Das ist nötig, damit das Mehl seinen Kleber ausbilden kann und der Teig seine Elastizität verliert.

3. Inzwischen die Füllung vorbereiten: Das Kürbisfleisch würfeln, in Olivenöl andünsten, dabei mit Salz, Pfeffer, Cayennepfeffer, Kümmel und Muskat kräftig würzen. Die sehr fein gehackte Petersilie unterrühren. 10 bis 15 Minuten absolut weich dünsten. Erst jetzt die zerkrümelten Kekse unterrühren. Schließlich mit dem Mixstab im Topf spazieren gehen – es dürfen ruhig noch kleine Kürbisstückchen spürbar sein. Etwas abkühlen lassen und nun das Eigelb unterrühren.

4. Den Teig zu hauchdünnen Bändern auswalzen, so breit wie die Walzen der Nudelmaschine, und nebeneinander auf der bemehlten Arbeitsfläche ausbreiten. Mit Eiweiß einpinseln. Dann in regelmäßigen Abständen unterhalb der Mittellinie teelöffelweise Häufchen von Füllung setzen. Die leere Teighälfte darüber klappen und behutsam rund um die Füllung festdrücken, dabei alle Luftblasen vermeiden. Die Ravioli mit einem Teigrädchen ausradeln.

5. In reichlich gut gesalzenes, heftig aufrauschendes Wasser geben, in einem möglichst breiten großen Topf, damit die Ravioli nebeneinander Platz finden. Die Hitze sofort herunterschalten und die Ravioli 2 bis 3 Minuten garziehen lassen. Mit einer Schaumkelle herausheben, tropfnass in tiefen Tellern anrichten. Jeweils zwei Löffel Salbeibutter darüber verteilen und einen Esslöffel frisch geriebenen Parmesan.

6. Für die Salbeibutter die Blätter von den Stielen zupfen, quer in Streifen schneiden und in der aufschäumenden Butter rösten.

Ausgezogene Tomatenscheiben mit Avocadosalsa

1. Frühlingszwiebel waschen, Wurzel entfernen und in Ringe schneiden. Avocado schälen, Fruchtfleisch würfeln, mit Zitronensaft und Zwiebelringen mischen, salzen und pfeffern.

2. Beide Mehlsorten, Kräuter, Salz, Eier und Mineralwasser zu einem glatten Teig verquirlen. Tomaten waschen, Stielansätze entfernen und in ca. 1 cm dicke Scheiben schneiden. Stärke mit etwas Salz und Currypulver mischen.

3. Öl in einer beschichteten Pfanne erhitzen. Tomatenscheiben nacheinander in der Stärke wälzen und durch den Teig ziehen. Tomaten von beiden Seiten etwa 2 Minuten knusprig braun braten. Auf Küchenpapier abtropfen lassen. Die Avocadosalsa zu den Tomatenscheiben servieren.

Pro Portion: 15 g E, 72 g Kh, 14 g F

Tipp: *Sie können die Avocadosalsa auch gegen Tsatsiki oder Knoblauchquark austauschen.*

Für 2 Portionen:
1 Frühlingszwiebel
½ Avocado (ca. 100 g)
2 EL Zitronensaft
Salz, schwarzer Pfeffer
50 g Mehl (Typ 405)
50 g Maismehl
1 TL getrocknete Mittelmeerkräuter
2 Eier
ca. 3 EL Mineralwasser
400 g Fleischtomaten
6 EL Speisestärke
2 TL Currypulver
Olivenöl zum Braten

Für 4 Portionen:

1 Endiviensalat

1 Lauchstange

4 EL Rapsöl

Salz, Pfeffer

2 EL Mehl

200 g milder Edelpilzkäse

250 ml Milch (1,5 % F)

geriebene Muskatnuss

Pro Portion: 17 g E, 12 g Kh, 25 g F

Überbackenes Endiviengemüse

1. Endiviensalat waschen und abtropfen lassen. Welke Blattränder entfernen. Salat längs vierteln, so dass jedes Viertel am Strunk zusammenhält. Lauch von Wurzeln und welken Blättern befreien, seitlich aufschneiden, unter Wasser gründlich waschen und in feine Ringe schneiden.

2. Backofen auf 180 °C vorheizen. Lauch in 1 EL Öl in einem Bräter andünsten. Endivien zugeben und rundherum anbraten. Salzen, pfeffern und mit dem Mehl überstäuben.

3. Käse entrinden und in Stückchen teilen. Endivien mit der Milch angießen, mit geriebener Muskatnuss würzen, Käse darauf verteilen und in den Ofen schieben und 20 Minuten überbacken.

Tipp: *Dazu schmecken Kartoffeln.*

Mairübchen aus dem Ofen mit Bohnen-Rucola-Stampf

1. Mairübchen schälen und in 1–1,5 cm dicke Scheiben schneiden. Frühlingszwiebeln in nicht zu dünne Ringe schneiden, dabei möglichst viel Grün mit verwenden. Beim Bohnenkraut die Blättchen abzupfen und hacken. Weiße Bohnen unter fließendem Wasser abspülen, bis Schaum abgewaschen ist. Oder getrocknete weiße Bohnen am Vortag einweichen, nach Packungsanweisung kochen. Beim Rucola die Stiele abschneiden, den Rest klein schneiden.

2. Ofen auf 200 °C vorheizen. Das Backblech mit 2–3 EL Öl einstreichen, die Mairübchen in Scheiben darauf platzieren, salzen. Nach 10 Minuten Scheiben wenden, salzen, noch einmal etwa 10 Minuten garen, bis die Rübchen leicht gebräunt sind.

3. Die Frühlingszwiebeln in 4 EL Olivenöl anschwitzen, 6 EL Wasser, Salz und die Kräuter dazugeben. Mit den Bohnen unter Rühren kurz aufkochen, weitere 4 EL Olivenöl und 2 EL Zitronensaft dazugeben. Die Bohnen mit einem Kartoffelstampfer zerdrücken, Rucola-Blätter unterrühren, salzen.

4. Die Stampfbohnen mit Rucola löffelweise auf die Rübenscheiben setzen, pfeffern, einige Spritzer weißen Balsamessig darübergeben. Den Rest vom Stampf als Beilage servieren.

Für 4 Portionen:

6 Mairübchen (etwa 1 kg)

1 Bd. Frühlingszwiebeln

½ Bd. Bohnenkraut
(oder Thymian)

1 Dose weiße Bohnen
(rund 450 g Einwaage) oder
125 g getrocknete weiße Bohnen

150 g Rucola

außerdem: Olivenöl, Salz,
Zitronensaft, Pfeffer,
heller Balsamessig

Pro Portion: 13 g E, 25 g Kh, 27 g F

⊠ 40 Minuten
⊟ 261 kcal pro Portion

Überbackene Orangenrübchen

Für 4 Portionen:

1 kg Butterrüben

2 EL Öl

Salz, geriebene Muskatnuss

1 unbeh. Orange

200 g Ofen- oder Raclettekäse

½ TL Pul Biber (Chiliflocken)

1. Rüben waschen, Grün und Wurzelansatz entfernen, schälen und in Viertel schneiden.

2. In einer großen Pfanne das Öl erhitzen, Rübchen darin andünsten, mit Salz und Muskatnuss würzen und geschlossen bei kleiner Hitze ungefähr 20 Minuten garen.

3. Inzwischen die Orange waschen, Schale rundherum oberflächlich abreiben. Dann Orange halbieren und auspressen. Sollten die Rübchen ansetzen, etwas Saft zugeben. Sind sie gar, die Orangenschale und den restlichen Saft zugeben. Offen etwas einköcheln lassen. Den Käse in dünne Streifen schneiden.

4. Käse über die Rüben legen, mit Pul Biber bestreuen. Den Deckel auf die Pfanne legen und den Käse schmelzen lassen.

Pro Portion: 13 g E, 12 g Kh, 18 g F

Currymöhren mit Erdnüssen

1. Die Nudeln in reichlich Salzwasser nach Packungsanleitung al dente kochen. Inzwischen die Erdnüsse grob hacken. Die Möhren waschen, schälen und in ½ cm dicke Scheiben schneiden. Den Ingwer schälen und fein hacken.

2. Öl in einer beschichteten Pfanne erhitzen. Gehackte Nüsse und die Möhren andünsten, Ingwer hinzufügen und kräftig mit Pfeffer und Curry abschmecken. Das Gemüse abgedeckt in 10 Minuten im eigenem Saft bissfest dünsten.

3. Die Limette waschen, die Schale abreiben. Danach halbieren und auspressen. Petersilie ebenfalls waschen, trocken schütteln, die Blättchen abzupfen sowie grob hacken.

4. Limettensaft und -schale zu den Möhren geben, weiter dünsten, bis die Möhren gar sind. Sojacreme angießen und alles kurz aufkochen lassen, abschmecken. Die abgetropften Nudeln untermischen und mit bestreuter Petersilie servieren.

Variante: *Tauschen Sie doch mal die Erdnüsse gegen Walnüsse, Mandeln und Cashewkerne. Diese enthalten nämlich viele mehrfach ungesättigte Fettsäuren.*

Für 4 Portionen:
250 g Tagliatelle, Salz
100 g Erdnüsse (gesalzen und geröstet)
800 g Möhren
1 Stück Ingwer
2 EL Rapsöl
Pfeffer, Currypulver
1 Limette
½ Bd. Petersilie
100 ml Sojacreme (oder Sahne)

Pro Portion: 18 g E, 61 g Kh, 23 g F

Scharfes Chicorée-Lauch-Apfelgemüse mit Kartoffel-Käse-Püree

Für 2 Portionen:

400 g mehligkochende Kartoffeln

1 kleine Stange Lauch

2 Chicorée (ca. 450 g)

1 rote Grapefruit

2 EL Rapsöl

Salz, Pfeffer

scharfe Chiliflocken (Pul Biber)

100 g Ofenkäse

120 ml Buttermilch

1. Die Kartoffeln knapp mit Wasser bedeckt weich kochen. Inzwischen den Lauch von Wurzel und welken Blattenden befreien, seitlich aufschneiden und gründlich waschen. Den Chicorée ebenfalls waschen. Das Gemüse in 1 cm dicke Scheiben schneiden.

2. Die Grapefruit filetieren und dabei den Saft auffangen. Öl in einer beschichteten Pfanne erhitzen und den Lauch darin 2 Minuten kräftig andünsten. Den Chicorée zugeben und alles mit Salz, Pfeffer und Chiliflocken würzen.

3. Alles 2 Minuten bei geschlossenem Deckel und kleiner Hitze köcheln lassen. Nach Belieben 4–5 EL Grapefruitsaft oder Wasser hinzufügen. Anschließend weitere 3 Minuten zugedeckt bei kleiner Hitze garen.

4. In der Zwischenzeit die Kartoffeln pellen. Käse zerkleinern und mit der Buttermilch langsam in einem Topf erwärmen. Die Kartoffeln zugeben und mit einem Stampfer zerdrücken, mit Salz abschmecken. Grapefruitfilets mit in die Pfanne geben und das Gemüse mit dem Kartoffelpüree servieren.

Pro Portion: 21 g E, 52 g Kh, 22 g F

Kürbisschnitzel mit Salsa

1. Kürbis waschen, halbieren, Kerne auskratzen und die Hälften in 1 cm breite Spalten schneiden.

2. Ei in einem Teller aufschlagen, Salz zugeben. In einen zweiten Teller das Mehl geben, in einem dritten Semmelbrösel und Parmesan.

3. Öl in der Pfanne erhitzen. Kürbisspalten erst im Mehl, dann im Ei, dann im Semmelbrösel-Käse-Mix wenden. In der Pfanne von beiden Seiten goldbraun braten (jede Seite ungefähr 3 bis 4 Minuten).

4. Tomaten waschen, klein würfeln. Zwiebel und Knoblauch schälen. Zwiebel klein würfeln, Knoblauch durch eine Presse drücken. Honig, Zitronensaft, Öl, Salz und Pfeffer verrühren, mit Tomaten, Zwiebel und Knoblauch mischen und in einem kleinen Schälchen anrichten.

Pro Portion: 10 g E, 27 g Kh, 29 g F

Tipp: *Kürbisspalten aus der Pfanne nehmen und auf Küchenpapier legen – so kann das Fett abtropfen. Die Spalten schmecken auch kalt.*

Variante: *150 g der Tomaten durch Wassermelone ersetzen – schmeckt erfrischend fruchtig. Oder aus 50 g Mehl, Salz, 1 Ei, 25 g geriebenen Parmesan und 60 ml Mineralwasser einen Teig mischen. Den Kürbis darin tauchen und im Öl ausbacken. Kalorienärmer wird's, wenn Sie die Spalten im Ofen auf einem mit Backpapier ausgelegten Back-blech zubereiten. Sie brauchen ungefähr 40 Minuten.*

Für 4 Portionen:

1 kleiner Hokkaido-Kürbis (1 kg)

1 Ei

1 Prise Salz

1–2 EL Mehl

2 EL Semmelbrösel

25 g geriebenen Parmesan

6 EL Öl

500 g Tomaten

1 Zwiebel

1 Knoblauchzehe

1 EL Honig

2 EL Zitronensaft

2 EL Rapsöl

Salz, Pfeffer

Rosmarinkartoffeln vom Blech

Für 4 Portionen:

1 kg kleine Kartoffeln

4 EL Olivenöl

1 EL Salz

4 Rosmarinzweige

1. Den Backofen auf 200 °C vorheizen. Kartoffeln gründlich waschen und längs halbieren. Auf ein mit Backpapier ausgelegtes Blech legen und mit Olivenöl beträufeln, salzen.

2. Rosmarin waschen, trocken schütteln und etwas zerkleinern. Auf das Kartoffelblech verteilen und im Ofen in 25 Minuten weich backen.

Pro Portion: 5 g E, 37 g Kh, 12 g F

Tipp: *Sind die Kartoffeln etwas größer, entweder die Garzeit um etwa 10 bis 15 Minuten verlängern oder in kleinere Spalten schneiden.*

Variante: *Anstatt Rosmarin einfach Kümmelsamen oder Thymian verwenden.*

Wirsing mit Tomate und Kräutern

1. Wirsing waschen, grobe äußere Blätter und Strunk entfernen. In feine Streifen schneiden, mit den gewürfelten Schalotten in je 1 EL Öl und Wasser sowie dem Natron abgedeckt bei kleiner Hitze etwa 5 Minuten andünsten.

2. Salzen, pfeffern, mit Kräutern und Tomaten noch etwa 5 Minuten garen.

Pro Portion: 1 g E, 9 g Kh, 4 g F

Tipp: *Natron lässt den Wirsing schön grün bleiben. Mit Kartoffeln ergibt das schon ein ganzes Gericht.*

Für 4 Portionen:

750 g Wirsing
2 Schalotten
1 EL Olivenöl
1 Msp. Natron (Backsoda)
200 g gestückelte Tomaten (roh oder Dose)
1–2 TL getrocknete Kräuter
Salz, Pfeffer

⊠ **30 Minuten**
⊡ **474 kcal pro Portion**

Für 2 Portionen:

5 große, frische, festfleischige Champignonhüte

1 kleiner Zucchino

¼ rote Spitzpaprika

1 kleine Möhre

2 Schalotten

1–3 Knoblauchzehen

2–3 EL Butter

Salz, Pfeffer

Petersilie

2 gekochte Kartoffeln

100 g frisch geriebener Käse

Butterflöckchen

Pro Portion: 20 g E, 18 g Kh, 34 g F

Übergrillte Riesen-champignons

1. Die Stiele aus den Hüten herausdrehen oder besser schneiden, damit die Hüte intakt bleiben. (Sie können im Suppentopf noch für Geschmack sorgen, für die Füllung sind sie jedoch zu zäh).

2. Einen der Pilzhüte fein würfeln. Das übrige Gemüse ebenfalls in Würfel etwa derselben Größe schneiden oder hobeln. Schalotten und Knoblauch sehr fein würfeln und in einer Pfanne in der heißen Butter andünsten. Das gewürfelte Gemüse nach seiner Garzeit zufügen: Zuerst also die Möhre, dann die Champignons und schließlich Zucchini und Paprika. Das Gemüse salzen und pfeffern. Fein gehackte Petersilie unterrühren.

3. Die gekochten, fein geriebenen Kartoffeln untermischen. Diese bunte Masse in die Hüte verteilen.

4. Geriebenen Käse darüber streuen und Butterflöckchen darauf setzen. In einer feuerfesten Form unter die heißen Grillschlangen in den auf 180 °C (Heißluft) vorgeheizten Backofen schieben, wenige Minuten grillen, bis der Käse zu schmelzen beginnt und das Gemüse bräunt.

Eierkuchen mit Rote-Bete-Füllung

⏱ 50 Min. + 30 Min.
🔥 486 kcal pro Portion

1. Für die Eierkuchen (Palatschinken) Mehl, Eier und die abgeriebene Zitronenschale mit etwas Milch verrühren.

2. Die restliche Milch hinzufügen und den Teig 30 Minuten quellen lassen.

3. Vor dem Ausbacken das Mineralwasser und eine Prise Salz hinzufügen. Der Teig sollte zähflüssig, aber nicht zu dünn sein.

4. Inzwischen die Rote-Bete-Knollen waschen, schälen, halbieren und grob reiben.

5. 1 TL Margarine in einem Topf erhitzen, die Roten Bete darin unter Wenden zugedeckt etwa 3 Minuten andünsten. Crème fraîche unterrühren, eventuell noch etwas Milch zugeben, damit das Gemüse nicht ansetzt. Mit Meerrettich, Salz und etwas Pfeffer würzen und abschmecken. Einige Tropfen Zitronensaft zufügen.

6. Den Eierkuchenteig in etwas Fett in einer beschichteten Bratpfanne (19 cm Durchmesser) beidseitig backen.

7. Die Eierkuchen (etwa 12 Stück) mit jeweils 1 EL Roter Bete füllen.

Pro Portion: 19 g E, 50 g Kh, 22 g F

Tipps: *Fügen Sie den Meerrettich erst nach dem Dünsten hinzu, sonst leidet der Geschmack.*

Wenn die Roten Bete frisch sind, lässt sich die Schale gut mit einem Sparschäler entfernen.

Eierkuchen lassen sich gut auf Vorrat backen und abgekühlt einfrieren. Dazu zwischen jedes Teigstück – als Fladen oder eingerollt – ein Stück Backpapier legen. So lassen sich die Palatschinken später gut portionsweise voneinander lösen.

Für 4 Portionen:

Eierkuchen

250 g Mehl

4 Eier (Kl. M)

abgeriebene Schale von ½ Zitrone (unbehandelt)

375 ml Milch

250–375 ml Mineralwasser

1 Prise Salz

Füllung

5 Rote-Bete-Knollen (ca. 600 g)

1 TL Margarine

1 EL Crème fraîche

eventuell 2–3 EL Milch

1 TL Meerrettich, gerieben (frisch oder aus dem Glas, ungeschwefelt)

Salz, Pfeffer

einige Tropfen Zitronensaft

außerdem

40 g Butter oder Margarine zum Ausbacken

Wraps mit Pilzfüllung

Für 4 Portionen:

Teig

150 g Weizenmehl
(oder z. B. Buchweizenmehl)

1 großes Ei (Kl. L)

300 ml Milch, 1,5 % Fett

Salz

1 Prise Muskatnuss, gerieben

Füllung

½ Bd. Schnittlauch (oder 2 EL Petersilie oder Spinat), gehackt

2 kleine Frühlingszwiebeln

100 g Mungobohnensprossen

1 Zwiebel

300 g braune Champignons

2 Tomaten (150 g)

20 g Margarine oder Butter

1 EL helle Sojasauce

1 EL Petersilie, gehackt

Salz, Pfeffer aus der Mühle

außerdem

3 EL Pflanzenöl zum Ausbacken

Pro Portion: 10 g E, 33 g Kh, 10 g F

1. Für den Teig alle Zutaten in einer Schüssel verrühren und zugedeckt 30 Minuten ruhen lassen.

2. Inzwischen Schnittlauch und Frühlingszwiebeln abbrausen, trockenschwenken. Den Schnittlauch in feine Röllchen schneiden. Von den Frühlingszwiebeln das Grün entfernen; den weißen Teil in feine Ringe schneiden. Die Zwiebel abziehen und fein würfeln. Die Sprossen auf einem Sieb abbrausen, gut abtropfen lassen. Längere Sprossen klein schneiden.

3. Die Champignons putzen, den unteren Stiel und eventuell dunkel gefärbte Stellen entfernen. Die Pilze blättrig schneiden, die Scheiben eventuell halbieren. Die Tomaten waschen, trockentupfen und in 1 cm große Würfel schneiden, dabei den Stengelansatz entfernen.

4. Den Wrap-Teig umrühren. In einer beschichteten oder gusseisernen Pfanne (15 cm Durchmesser) etwas Pflanzenöl erhitzen und nacheinander beidseitig 12 Teigfladen goldgelb backen. Diese (zwischen Back- oder Pergamentpapier) auf ein mit Backpapier ausgelegtes Backblech setzen und bei 50 °C warm halten.

5. Margarine in einer Pfanne erhitzen, die Zwiebelwürfel darin glasig werden lassen. Die Pilze zufügen, unter Wenden hell braten, die Frühlingszwiebelringe, Tomatenwürfel und Sprossen unterheben und alles 2 bis 3 Minuten zugedeckt garen. Das Gemüse mit Sojasauce, Salz und wenig Pfeffer würzen. Schnittlauch darüber geben, vorsichtig wenden.

6. Die Füllung auf die Teigfladen verteilen, aufrollen oder falten und sofort anrichten.

Tipps: *Edler wird die Füllung, wenn Sie Steinpilze oder Pfifferlinge (Eierschwammerl) mit den Champignons mischen.*

Wraps werden meist nur leicht warm oder gar kalt serviert und lassen sich gut vorbereiten. Bei der Füllung sind der Fantasie keine Grenzen gesetzt, auch Reste lassen sich gut verwerten.

Kräuterspargel aus der Pfanne

1. Weißen Spargel ganz schälen, grünen in der unteren Hälfte, die Enden abschneiden, schräg in fingerlange Stücke schneiden. Kerbel hacken, Zitrone auspressen.

2. 6 EL Olivenöl in einen Bräter geben und erhitzen. Den vorbereiteten Spargel einstreuen und unter gelegentlichem Rühren ungefähr 6 Minuten braten.

3. Mit gehacktem Kerbel, Zitronensaft und Salz abschmecken. Vor dem Servieren die Spargelstangen in der Pfanne in etwas Ahornsirup oder Honig (1 EL) schwenken.

Pro Portion: 5 g E, 6 g Kh, 25 g F

Tipp: *Etwas einfacher, deutlich Fettärmer, aber weniger aromatisch: Den Spargel in 5 EL leicht gesalzenem Wasser einige Minuten auf kleiner Flamme in einem Topf zugedeckt gar ziehen lassen.*

Für 4 Portionen:

1 kg weißer und 500 g grüner Spargel
1 Bd. Kerbel
1 Zitrone
außerdem: Olivenöl, Salz, Ahornsirup oder Honig

Spargel in Portwein mit Kräuterseitlingen und Süßkartoffeln

Für 4 Portionen:

500 ml Rotwein

250 ml Portwein

1 kg Spargel

2 große Süßkartoffeln (rund 600 g)

600 g kleine Kräuterseitlinge (oder braune Champignons)

1 kleines Bd. Thymian

außerdem: Salz, Honig, Olivenöl, Butter

Pro Portion: 12 g E, 46 g Kh, 37 g F

1. Spargel schälen und schräg in fingerdicke Stücke schneiden. Süßkartoffeln schälen und wie dicke Zündhölzer in Streifen schneiden. Kräuterseitlinge säubern (trocken abbürsten), der Länge nach halbieren. Beim Thymian die Blättchen abzupfen und hacken.

2. Den Rotwein mit dem Portwein in einem Topf auf 100 ml etwa 30 Minuten einkochen (reduzieren). Mit Salz, nach Belieben auch Honig, abschmecken.

3. Spargelstücke mit 2 EL Olivenöl unter gelegentlichem Rühren ungefähr 6 Minuten in einer Pfanne braten.

4. In einer zweiten großen Pfanne die Süßkartoffelstreifen in 4 EL Olivenöl anbraten, die Pilze dazugeben. Nach einigen Minuten salzen, Thymianblättchen zufügen. Hitze reduzieren, Deckel auflegen, 2 Minuten ziehen lassen.

5. Die Portweinreduktion kurz erhitzen, 80 g kalte Butter einrühren und über den Spargel heben. Mit Süßkartoffeln und Pilzen auf einer Platte servieren.

Info: *Die Rotweinreduktion kocht am Anfang nur langsam ein. Je weniger Flüssigkeit vorhanden ist, desto schneller geht es. Rechnen Sie etwa eine halbe Stunde.*

Auberginensandwich mit Linsen

1. Linsen etwa 20 Minuten kochen, dann abgießen. Die Hälfte der Auberginen längs in 1 cm dicke Scheiben, den Rest in sehr kleine Würfel schneiden.

2. Möhre schälen und in sehr kleine Würfel schneiden, Staudensellerie, Fenchel, Zwiebel und Knoblauch sehr klein würfeln, Thymian-Blättchen abzupfen und hacken. Tomaten kurz in kochendes Wasser legen, Haut abziehen, Kerne entfernen und würfeln.

3. Gemüsewürfel (ohne die Tomaten) in 4 EL Olivenöl anbraten. Mit 100–150 ml Wasser, 1–2 Lorbeerblättern und Thymian aufkochen. Gerade so viel gehackte Tomaten dazugeben, dass die Gemüsesalsa nicht zu flüssig wird. Gekochte Linsen hineingeben, kurz erhitzen, salzen.

4. Die Auberginenscheiben portionsweise in einer großen Pfanne in etwa 4 EL Öl sehr heiß knusprig braten, auf Küchenpapier abtropfen lassen, zum Servieren je 2 Scheiben mit dem Linsenragout füllen.

Pro Portion: 2 g E, 10 g Kh, 25 g F

Tipps: *Auberginen erst längs in Scheiben schneiden. Die aus der Mitte zum Braten nehmen, den Rest würfeln.*

Sie können auch andere dunkle kleine Linsen nehmen, ebenso arabische Pita-Brote statt Auberginen.

Für 4 Portionen:

175 g Norcialinsen

2–3 Auberginen (etwa 600 g)

1 Möhre

2 Stiele Staudensellerie

½ Fenchelknolle

1 Zwiebel

2 Knoblauchzehen

3–4 Zweige Thymian

5 mittlere Tomaten

außerdem:
Olivenöl, Lorbeerblätter, Salz

Zucchini mit Thymian und Balsamico

⏱ 5 Min. + 10 Min.
🔥 105 kcal pro Portion

Für 4 Portionen:

500 g Zucchini

3 Zweige Thymian

außerdem: Olivenöl, dunkler Balsamessig, Salz

1. Die Enden der Zucchini abschneiden, danach die Zucchini in 1,5 cm × 1,5 cm große Würfel schneiden. Den Thymian teils ganz lassen, teils die Blättchen hacken.

2. 3 EL Olivenöl in einer großen Pfanne erhitzen und die Zucchiniwürfel darin etwa 10 Minuten braten, bis sie angebräunt und knusprig sind.

3. Mit 1 EL Balsamessig, Salz und dem Thymian abschmecken.

Pro Portion: 1 g E, 3 g Kh, 10 g F

Tipp: *Gemüse zum Braten sollte möglichst trocken in die Pfanne kommen. Also nach dem Waschen gut abtupfen, sonst spritzt zu viel Fett.*

Zucchini-Champignon-Ragout

☒ 35 Minuten
☒ 226 kcal pro Portion

1. Zucchini putzen, waschen, trockentupfen, Spitze und Stielansatz entfernen. Anschließend erst längs vierteln, dann in Scheiben schneiden. Champignons putzen, abtupfen, die Stielenden abschneiden, in Scheiben schneiden. Zwiebeln abziehen und fein würfeln.

2. Pflanzenöl in einer Pfanne erhitzen, Zwiebelwürfel zugedeckt darin glasig werden lassen, Curry zufügen und unter Rühren kurz anschwitzen.

3. Zucchinistücke portionsweise zugeben, dann die Champignonscheiben unterheben. Mit Salz und Pfeffer würzen. Unter vorsichtigem Wenden etwa 3 Minuten dünsten. Schlagsahne zugießen, umrühren. Noch 3 Minuten köcheln lassen.

4. Den geriebenen Parmesan unterheben. Sofort servieren.

Tipp: *Curry nicht zu lange anschwitzen und keinesfalls bräunen; das Gewürz wird sonst bitter.*

Für 4 Portionen:

600 g mittelgroße Zucchini
300 g Champignons
3 Zwiebeln
1 EL Pflanzenöl
1–2 TL Curry
Salz, Pfeffer aus der Mühle
100 ml Schlagsahne
75 g Parmesan, gerieben

Pro Portion: 12 g E, 6 g Kh, 16 g F

⊠ 30 Minuten
⊞ 281 kcal pro Portion

Veggie Vitello Tonnato

1. Die Auberginen waschen, Stiel entfernen und der Länge nach in 1 cm dicke Scheiben schneiden. Salzen und wieder aufeinandersetzen.

2. Knoblauch abziehen, durch die Presse in den Joghurt drücken, mit Tahin cremig rühren. Zitronenschale abreiben, Saft auspressen, beides zugeben und mit Salz, Pfeffer und Chiliflocken abschmecken.

3. Die Auberginen zusammenpressen und den Saft mit Küchenpapier aufsaugen. Auberginenscheiben mit 5 EL Öl einpinseln und auf ein Blech legen. Im Backofen unter dem Grill von beiden Seiten je 3–5 Minuten braun grillen oder in einer beschichteten Pfanne portionsweise rösten.

4. Salbei waschen, trocken tupfen und im restlichen Öl knusprig braten. Die Auberginen auf eine Platte legen, mit der Sauce überziehen und mit Salbei bestreuen. Durchziehen lassen.

Pro Portion: 6 g E, 8 g Kh, 25 g F

Tipp: *Passt zu Baguette und bleibt 2–3 Tage im Kühlschrank frisch.*

Variante: *Angeröstete Kürbiskerne und kleine Tomatenwürfel auf den Auberginen geben zusätzlich ein besonderes Aroma.*

Für 4 Portionen:
2 Auberginen à ca. 300 g
Salz
1 Knoblauchzehe
150 g Joghurt, 1,5 % Fett
80 g Tahin (Sesampaste)
½ Zitrone (unbehandelt)
Salz, Pfeffer
scharfe Chiliflocken (Pul Biber)
6 EL Olivenöl
1 Handvoll Salbei

☒ 20 Min. + 3,5 Std.
☒ 450 kcal pro Portion

Auberginendip
mit Kichererbsensticks

Für 4 Portionen:

Auberginendip

4 EL Sesamsaat

2–3 Auberginen (etwa 800 g)

3 Knoblauchzehen

1 Bd. Petersilie (oder Borretsch)

Außerdem: Zitronensaft, Olivenöl, Salz, Pfeffer

Kichererbsensticks

125 g Kichererbsenmehl

außerdem: Salz, Öl für die Form, Fett zum Frittieren

1. 500 ml Wasser mit Salz aufkochen, das Kichererbsenmehl einrieseln lassen, dabei mit einem Schneebesen umrühren. Bei geschlossenem Deckel und kleiner Hitze 15 Minuten köcheln lassen, immer wieder umrühren.

2. Die Masse in eine geölte, rechteckige Form geben, glatt streichen und 2–3 Stunden auskühlen lassen, sonst ist sie nicht schnittfähig. Auf ein Brett stürzen und in fingerbreite Streifen schneiden (7–8 cm lang).

3. Backofen auf 200 °C vorheizen. Sesam ohne Öl in einer Pfanne hellbraun rösten, auskühlen lassen.

4. Auberginen im Ganzen mehrere Male mit einer Gabel ringsum einstechen und auf einem geölten oder mit Backpapier ausgelegten Blech etwa 40 Minuten backen. Auf dem Blech auskühlen lassen.

5. Knoblauch schälen und sehr fein hacken, Petersilie ebenfalls sehr klein hacken. Auberginen halbieren, das Fruchtfleisch mit einem Löffel aus der Aubergine auskratzen und mit Knoblauch, Petersilie, 1 EL Zitronensaft, 1–2 EL Olivenöl, Salz und Pfeffer mischen und pürieren. Mit Sesam bestreuen.

6. Die Masse für Kichererbsensticks aus der Form auf ein Brett stürzen und in fingerbreite Streifen schneiden. In einer Pfanne in heißem Fett schwimmend in 2 Portionen etwa 8 Minuten ausbacken. Sticks mit dem Dip servieren.

Pro Portion: 11 g E, 24 g Kh, 31 g F

Tipp: *Wenn man Kichererbsen getrocknet kauft, müssen sie mehrere Stunden einweichen. Das erspart man sich mit gegarter Dosenware oder – wie in unserem Rezept – mit Kichererbsenmehl.*

Kartoffelroulade mit Pilzgemüse

1. Die getrockneten Steinpilze 1 Stunde im Wein ziehen lassen, Pilze auspressen, den Wein auffangen, Pilze hacken. Spinatwaschen, Tiefkühlware auftauen lassen. Knoblauchzehe schälen und fein hacken. Bei Basilikum, Oregano und Thymian die Blättchen abzupfen und hacken. Kartoffeln kochen, schälen, noch warm durchpressen. Das Ei trennen, das Eiweiß anderweitig verwenden. Lauch der Länge nach halbieren, in halbe Ringe schneiden (etwa 2 cm), dann gründlich waschen

2. Den Spinat 4–5 Minuten kochen, abgießen, ausdrücken und sehr fein hacken. Mit Knoblauch, Basilikum, Oregano und Salz abschmecken. Ein Geschirrtuch mit etwa 60 g Margarine bestreichen.

3. Die durchgepressten Kartoffeln noch warm mit dem Ei, Eigelb, Mehl und 2 TL Salz verkneten. Den Teig auf das Tuch streichen, dabei an den beiden schmalen Rändern und am oberen der breiten Ränder etwa 5 cm frei lassen. Den Spinat auf dem Teig verteilen. Vom unteren breiten Rand aus mithilfe des Handtuchs zu einer Roulade einrollen. Handtuchenden zubinden. Die Roulade 50 Minuten in Salzwasser köcheln, etwas abkühlen lassen und aus dem Tuch nehmen.

4. Lauchringe mit 100 ml Wasser und Sahne aufkochen, salzen. Mit Thymian, dem Wein und eingeweichten Pilzen etwa 5 Minuten köcheln lassen. Vom Feuer ziehen, 80 g kalte Butter einrühren, mit Pfeffer abschmecken. Die Roulade in Scheiben schneiden, eventuell aufbraten, mit dem Gemüse servieren.

Für 4 Portionen:
150 ml Weißwein
30 g getrocknete Steinpilze
600 g frischer Spinat (oder 300 g gefrorener)
1 Knoblauchzehe
1 Bd. Basilikum
½ Bd. Oregano
500 g Kartoffeln
2 Eier
150 g Mehl
1,5 kg Lauch
250 g Sahne
3 Stiele Thymian
Außerdem: Salz, Pfeffer, Margarine, Butter

Pro Portion: 25 g E, 63 g Kh, 50 g F

Für 2 Portionen:

Kartoffeln

600 g festkochende Kartoffeln

2 EL Olivenöl

Salz, Pfeffer

1–2 EL weiche Butter

1 Prise Safran

1 Thymianzweig

2 EL glatte Petersilie, gehackt

Tomaten und Quark

1 große Fleischtomate

6 EL Basilikum, gehackt

1 EL Olivenöl

Salz, Pfeffer, Zucker

200 g Magerquark (20 % Fett i. Tr.)

100 g Quark (45 % Fett i. Tr.)

½ unbeh. Zitrone

Provenzalische Kartoffeln mit Tomaten und Quark

1. Kartoffeln waschen, schälen und klein würfeln (etwa 1 x 1 cm). 2 EL Olivenöl in einer Pfanne erhitzen, Kartoffeln scharf anbraten, bei reduzierter Hitze etwa 15 Minuten weiterbraten. Mit Salz und Pfeffer würzen.

2. Tomaten halbieren, vierteln, entkernen und in feine Würfel schneiden. Basilikum unter die Tomatenwürfel mischen. Mit 1 EL Olivenöl, Salz, Pfeffer und einer Prise Zucker abschmecken.

3. Quark in eine Schüssel geben und mit einem Mixer mindestens 3 Minuten auf höchster Stufe cremig schlagen, mit Salz, Pfeffer, Zucker sowie Zitronensaft und fein geriebener Zitronenschale abschmecken.

4. Für die Kartoffeln die weiche Butter mit dem Safran glatt rühren. Die Blätter vom Thymianzweig abziehen und hacken. Die Kartoffeln mit einem Schaumlöffel aus der Pfanne nehmen, kurz auf Küchenpapier abtropfen lassen, in eine Schüssel füllen und mit den Kräutern bestreuen. Die Safranbutter in Flocken darauf zergehen lassen. Mit Quark und Tomaten servieren.

Pro Portion: 23 g E, 47 g Kh, 32 g F

Geschmorter Blumenkohl mit Tomatenconfit und Oliven

⏱ 30 Minuten
⊞ 455 kcal pro Portion

1. Zwiebel und Knoblauch schälen und in Streifen schneiden. Beim Thymian die Blättchen abzupfen. Die grünen Blätter des Blumenkohls weitgehend wegschneiden. Fetakäse in kleine Würfel schneiden. Basilikumblätter abzupfen und in feine Streifen schneiden. Oliven entkernen und hacken.

2. 2 EL Olivenöl in einem Topf erhitzen, der etwas größer ist als der Blumenkohl. Zwiebel und Knoblauch darin anschwitzen und die Hälfte der Tomaten im Ganzen dazugeben. So lange rühren, bis die Haut der Tomaten das Fruchtfleisch freigibt und eine Sauce entsteht. 100 ml Wasser zugießen, Salz, 1 EL Honig und Thymianblätter zufügen.

3. Den Blumenkohl in den Topf, die restlichen Tomaten darumlegen. Aufkochen, Hitze reduzieren, zudecken und in etwa 10 Minuten bissfest kochen.

4. Den Feta zerdrücken und mit dem Basilikum mischen. Die noch fast ganzen Tomaten herausheben und kreisförmig auf eine runde Platte legen. Den Kohl in die Mitte platzieren, die Sauce mit dem Fruchtfleisch darübergießen.

5. Den Blumenkohlkopf mit Oliven und Basilikumkäse bestreuen, mit 1–2 EL Olivenöl beträufeln.

Pro Portion: 13 g E, 19 g Kh, 22 g F

Tipp: *Je nach Größe und Qualität des Kochgeschirrs dauert das Garen mal länger, mal kürzer. Das gilt aber generell für alle Rezepte. Da hilft nur, immer mal wieder nachzuschauen und zu prüfen.*

Für 4 Portionen:

1 Zwiebel
4–5 Knoblauchzehen
1 kg reife Cocktailtomaten
einige Zweige Thymian
1 Blumenkohl (etwa 900 g)
100 g weicher Fetakäse
1/2 Bd. Basilikum
100 g schwarze Oliven
außerdem: Olivenöl, Salz, Honig

Rosenkohl mit Shiitake und Champignonsauce

Für 4 Portionen:

250 g Champignons

½ Bd. Thymian

700 g Rosenkohl

600 g Shiitake

250 g Sahne

außerdem: Butter, Salz, Pfeffer, Olivenöl, Sojasauce, Rotwein

1. Champignons grob raspeln. Beim Thymian die Blättchen abzupfen und hacken. Rosenkohl putzen und vierteln. Die Stiele der Shiitake entfernen und die Kappen halbieren.

2. Die geraspelten Champignons mit der Sahne 15 Minuten kochen, dann sehr fein pürieren und mit Thymian und Salz abschmecken.

3. Den gevierteilten Rosenkohl in 3 EL Butter anbraten, mit 150 ml Wasser aufgießen, salzen und aufkochen. Dann zugedeckt 5 Minuten auf kleiner Hitze ziehen lassen. Die Shiitake in 6 EL Olivenöl anbraten, mit je 8 EL Sojasauce und Rotwein aufgießen. Hitze reduzieren, alles zugedeckt 5 Minuten köcheln lassen.

4. Den Rosenkohl zusammen mit den Shiitake und der Champignonsauce servieren. Mit Pfeffer aus der Mühle abschmecken.

Pro Portion: 15 g E, 9 g Kh, 48 g F

20 Min. + 40 Min.
460 kcal pro Portion

Kokoswirsing mit Shiitake und Süßkartoffelbällchen

1. Süßkartoffeln mit Schale etwa 30 Minuten gar kochen, abkühlen lassen, bis sie lauwarm sind. Dann schälen, zerdrücken oder stampfen, mit Eigelb, 2 TL Salz, 2 EL Mehl und 3 EL Semmelbröseln vermengen. Aus dem Püree pro Person 2–3 Kugeln formen und in Sesam wälzen, bis sie ganz bedeckt sind.

2. Beim Wirsing die äußeren Blätter entfernen, Stiele heraus schneiden, Blätter zusammenrollen und in lange Streifen wie dünne Bandnudeln schneiden. Dann in der Kokosmilch etwa 6 Minuten garen, bis der Wirsing knackig und angenehm zu beißen ist. Mit Salz und Zitronensaft abschmecken.

3. Ingwerschälen, raspeln, ausdrücken und Saft auffangen. Die Stiele der Shiitakepilze abschneiden, größere Kappen in Streifen schneiden. 100 ml Wasser mit 6 EL Sojasauce, Ingwersaft, 1–2 TL Honig und einigen Tropfen Sesamöl würzen. Die Shiitake in diesem Sud etwa 10 Minuten köcheln lassen.

4. Die Süßkartoffelbällchen portionsweise in einer hohen Pfanne schwimmend (etwa 2 Finger hoch) in heißem Pflanzenöl ausbacken, bis sie goldbraun sind. Mit Wirsing und den Shiitake servieren.

Tipps: *Nicht jeder schätzt das dunkle, leicht scharf-nussige Sesamöl. Helles oder nicht ganz so dunkles ist eine Alternative.*

Die Bällchen nach dem Frittieren auf ein Küchenpapier legen und so das Fett etwas aufsaugen lassen.

Für 4 Portionen:

500 g Süßkartoffeln

1 Eigelb

60 g helle Sesamsaat

1 Wirsing (etwa 1 kg)

800 ml Kokosmilch

100 g Ingwer

300 g Shiitakepilze

außerdem: Salz, Mehl, Semmelbrösel, Zitronensaft, Sojasauce, Honig, Sesamöl, Pflanzenöl

Pro Portion: 10 g E, 54 g Kh, 22 g F

⏱ 25 Min. + 10 Min.
🔥 512 kcal pro Portion

Breite-Bohnenpfanne mit Sesam

Für 2 Portionen:

500 g breite Bohnen

1 Zwiebel

1 große rote Paprika

30 g frischer Ingwer

200 g Sesam-Mandel-Tofu

4 EL Sesamöl

2 EL Sesamsamen

Salz

Sojasauce

1 TL Chilipaste
(z. B. Sambal Oelek)

1. Die Bohnen waschen, Enden abknipsen, Fäden abziehen und schräg in mundgerechte Stücke schneiden. Zwiebel schälen und fein würfeln. Paprika waschen, entstielen und entkernen, in schmale Streifen schneiden. Ingwer schälen und fein hacken. Tofu ebenfalls in Würfel schneiden.

2. Das Öl in einer beschichteten Pfanne erhitzen und erst die Sesamsamen bräunen, dann die Bohnen mit den Zwiebeln zugeben und bei mittlerer Hitze für ca. 10 Minuten zugedeckt schmoren.

3. Paprikawürfel und Ingwer zu den Bohnen geben und weiter 5–8 Minuten bei mittlerer Hitze braten. Sesamtofu zugeben und alles mit Salz, Sojasauce und Chilipaste abschmecken. Zu diesem Gericht passt Reis oder es schmeckt mit Bratkartoffeln.

Pro Portion: 22 g E, 24 g Kh, 34 g F

Variante: *Sie können auch Brechbohnen verwenden. Anstatt der Sesamsamen eignen sich Mandelblättchen oder Leinsamen. Den Mandel-Sesam-Tofu können sie gegen Räuchertofu oder selbst marinierten Tofu tauschen.*

Kohlrabiragout

1. Kohlrabi samt Grün waschen, zartes Grün von Stielen befreien und fein hacken. Knollen schälen und in etwa 1 cm große Würfel schneiden. Frühlingszwiebeln waschen, Wurzeln abtrennen und Zwiebeln in feine Ringe schneiden.

2. Fenchelsamen in einem Schmortopf rösten, bis sie duften. Dann das Öl und die Zwiebelringe zugeben, Hitze herunterschalten, mit dem Mehl überstäuben und anschwitzen. Kohlrabiwürfel sowie Grün zugeben, salzen und pfeffern. Alles mit 200 ml Weißwein ablöschen und zugedeckt 30 Minuten garen lassen. Wenn nötig etwas Wasser zufügen.

3. Oliven vierteln, Feta zur Hälfte mit dem Schmand pürieren, zur Hälfte in Würfel schneiden, beides unter das Ragout mischen, erhitzen und eventuell noch mit etwas Wasser verdünnen. Dazu passen Kartoffeln oder Reis.

Pro Portion: 11 g E, 14 g Kh, 18 g F

Varianten: *Je nach Saison schmecken auch Butterrüben, Teltower Rübchen oder Steckrüben anstelle des Kohlrabis.*

Für 4 Portionen:
4–5 Kohlrabiknollen mit Grün (ca. 700 g, ohne Grün gewogen)
1 Bd. Frühlingszwiebeln
1 TL Fenchelsamen
2 EL Rapsöl
1 EL Mehl
Salz, Pfeffer
200 ml Weißwein
10 schwarze Oliven
150 g Feta
2 EL Schmand

6

BUNTES ALLERLEI

Gemüse-Kartoffelrösti mit Paprikaquark

1. Sellerie, Möhren und Kartoffeln waschen, schälen. Zwiebeln schälen. Eine Zwiebel beiseitelegen. Das restliche Gemüse fein raspeln. In einem Sieb abtropfen lassen – Saft auffangen. Das Ei und die Haferflocken zu den Raspeln geben, kräftig mit Salz und Pfeffer würzen.

2. Die geschälte Zwiebel fein würfeln. Knoblauch abziehen und fein hacken. Paprika waschen, halbieren, Kerne und Stielansatz entfernen und in kleine Würfel schneiden. Quark mit Joghurt, Salz, Paprikapulver und Pfeffer cremig rühren, evtl. etwas Wasser zugeben. Dann Paprika-, Zwiebel- und Knoblauchwürfel zugeben.

3. 2–3 EL Öl in einer beschichteten Pfanne erhitzen, portionsweise Puffer in die Pfanne setzen, flachdrücken, ca. 4 Minuten knusprig braten, wenden und fertig braten. Auf Küchenpapier abtropfen lassen.

Pro 3 Puffer: 14 g E, 16 g Kh, 18 g F

Für ca. 12 Puffer:
300 g Wurzelgemüse (Knollensellerie, Möhre)
500 g mehlig kochende Kartoffeln
2 Zwiebeln
1 Ei
50 g feine Haferflocken
Salz, Pfeffer
rote Paprika
1 Knoblauchzehe
250 g Magerquark
2 EL Joghurt, 1,5 % Fett
mildes Paprikapulver
Rapsöl zum Braten

Ratatouille

Für 4 Portionen:

250 g Auberginen

250 g Zucchini

250 g rote Paprika

250 g Zwiebeln

2–6 Knoblauchzehen

5–6 EL Olivenöl

1 EL brauner Zucker

Salz

800 g Tomaten,
ersatzweise eine große Dose
geschälte Tomaten

1 Zweig Thymian oder Rosmarin

etwas Balsamessig

Pro Portion: 3 g E, 4 g Kh, 8 g F

1. Auberginen, Zucchini und Paprika waschen. Auberginen und Zucchini in etwa 5 mm dicke Scheiben schneiden, Auberginenscheiben je nach Größe halbieren oder vierteln. Paprika erst vierteln und entkernen, dann in etwa 2 cm breite Streifen schneiden. Zwiebeln schälen und je nach Größe vierteln oder achteln.

2. In einem großen, schweren Topf die Zwiebeln und den zerdrückten Knoblauch im Olivenöl andünsten. Auberginen, Zucchini und Paprika, Zucker und Salz dazugeben und alles für etwa 10 Minuten bei offenem Topf und mittlerer Hitze leicht anbraten. Öfter umrühren.

3. Währenddessen die Tomaten mit kochendem Wasser übergießen und häuten. Dann mit den Kräutern zum anderen Gemüse in den Topf geben, einmal umrühren und alles im geschlossenen Topf bei sehr geringer Wärmezufuhr 30 bis 40 Minuten garen lassen, ohne umzurühren. Das Gemüse sollte noch Biss haben. Die Ratatouille zum Schluss nochmals mit Salz, Zucker und Balsamessig abschmecken.

Tipps: *Sehr lecker schmeckt auch die Ratatouille aus dem Ofen. Packen Sie alle genannten Zutaten in eine großflächige Auflaufform, geben Sie das Öl darüber und backen Sie das Ganze für etwa 50 Minuten bei 180 °C.*

Frittiertes Gemüse mit Zitronendip

1. Mehl in eine Schüssel geben und mit Gewürzen und Salz mischen. Öl hinzufügen sowie nach und nach ca. 330 ml kaltes Wasser einfließen lassen. Die Zutaten sorgfältig vermengen, sodass ein zähflüssiger Teig entsteht.

2. Inzwischen das Gemüse waschen und etwas trocken tupfen. Paprika in Spalten, die Zucchini in fingerdicke Längsstreifen schneiden. Brokkoli in Röschen teilen.

3. Für den Dip die Zitronenschale oberflächlich abreiben und unter den Joghurt mischen, die Zitrone in Spalten schneiden. Dip salzen und pfeffern.

4. Das Öl mindestens 5 cm hoch in eine Fritteuse oder einen schweren Topf ein füllen und auf 170–190 °C erhitzen. Es ist heiß genug, wenn ein Brotkrümel darin Bläschen wirft. Gemüse portionsweise in den Teig tauchen und im Fett goldbraun ausbacken. Auf Küchenpapier abtropfen lassen und mit Zitrone und Dip anrichten.

Pro Portion: 14 g E, 23 g Kh, 4 g F

Tipp: *Temperatur während des Frittiervorgangs etwas verringern, sonst verbrennt das Gemüse.*

Info: *Kichererbsenmehl, aber auch das Gemüse liefern viele gesunde Ballaststoffe.*

Für 4 Portionen:

150 g Kichererbsenmehl
½ TL Chilipulver
1 TL Kurkuma
Salz
1 EL Rapsöl
1 rote Paprikaschote
1 Zucchini
150 g Brokkoli
1 unbeh. Zitrone
150 g Naturjoghurt 1,5 %
Pfeffer
ca. 300 ml Öl zum Frittieren (z. B. Sojaöl)

⏲ 35 Min. + 10 Min.
🔲 240 kcal pro Portion

Gemüsefrittata mit Parmesan

Für 4 Portionen:

1 mittlere Zwiebel

200 g Zuckerschoten
(oder grüne Bohnen)

1 mittlere Möhre, etwa 125 g

100 g Champignons

250 g kleine Zucchini

200 g Kürbis

4–5 kleine helle Selleriestangen

5 EL Olivenöl

Grün von 1 Bd. Radieschen

8–10 Eier (Kl. M)

50 g Parmesan

1 EL Kräuter der Provence

Salz, Pfeffer

Pro Portion: 12 g E, 7 g Kh, 17 g F

1. Zwiebel und Schoten in grobe Stücke schneiden, die geschälte Möhre in feine Streifen. Champignons vierteln, Zucchini der Länge nach vierteln und würfeln (1 cm Kantenlänge), ebenso den Kürbis. Selleriestangen in Scheiben schneiden (junge etwa ½ cm dick, ältere feiner). Radieschenstiele grob hacken, Blätter ganz lassen.

2. In einer großen, beschichteten Pfanne 3 EL Öl erhitzen. Zwiebel, Möhren und Sellerie darin zugedeckt bei niedriger Hitze 10 Minuten andünsten, dann das weichere Gemüse (Zucchini, Kürbis, Pilze), etwas salzen und pfeffern. Nach 5 Minuten Radieschenstiele und Blätter untermischen.

3. Die Eier in einer großen Schüssel verquirlen, salzen und mit dem Parmesan, Kräutern der Provence und dem heißen Gemüse mischen. In der Pfanne weitere 2 EL Öl erst sehr heiß werden lassen, dann den Eier-Gemüse-Mix darin stocken lassen. Dabei die schon festere Eiermasse mit einer Gabel hochheben, sodass noch flüssige darunterfließt. Deckel auflegen, die Pfanne vom Feuer ziehen und 3–5 Minuten stocken lassen. Die Frittata soll nicht braun werden, auch nicht unten.

4. Frittata zum Wenden mithilfe des Deckels oder eines Tellers stürzen, wieder in die Pfanne gleiten lassen und vorsichtig fertig garen. Das Ei am Pfannenrand mit einem Holzlöffel lösen. Kalt oder warm servieren, nach Wunsch dafür in Tortenstücke oder große Rhomben schneiden.

Tipp: *Zuckerschoten sind manchmal holzig mit Fäden: Am Stielende abschneiden, in Wasser legen, bis sie prall werden, die holzigen Seiten mit den Fäden wegschneiden (Sparschäler).*

Veggie-Bolognese

Für 2 Portionen:

200 g Wurzelgemüse (Möhren, Sellerie, Petersilienwurzel)

1 Zwiebel

1 getrockneter Steinpilz

2–3 Wacholderbeeren

60 g Walnüsse (geschält)

1 EL Rapsöl

250 ml Tomatensaft

1 Zweig Thymian

1 Lorbeerblatt

Salz, Pfeffer

30 g Räucherkäse

2 EL süße Sahne

1. Das Wurzelgemüse waschen, schälen und fein zerkleinern. Die Zwiebel schälen und fein hacken. Steinpilz und Wacholderbeeren fein mit den Fingern zerkrümeln. Die Walnüsse grob mit dem Messer hacken.

2. Die Zwiebelwürfel in einer Pfanne mit Öl glasig dünsten. Dann das Gemüse und die Nüsse zugeben. Unter Wenden ca. 5 Minuten braten, bis alles bräunt und beginnt anzusetzen.

3. Dann den Tomatensaft angießen, Pilz- und Wacholderkrümel, Thymian, Lorbeerblatt, Salz und Pfeffer zufügen und bei kleiner Hitze etwa 10 Minuten einkochen lassen. Dabei einen Spritzschutz auflegen.

4. Den Räucherkäse grob reiben. Mit der Sahne unter die Sauce ziehen, nach Bedarf mit ca. 100 ml Wasser verdünnen. Würzig abschmecken.

Pro Portion: 15 g E, 13 g Kh, 34 g F

Gemüsebouillon

1. Für die Klößchen den geriebenen Parmesan mit Quark, Ei, Semmelbrösel, Salz und geriebener Muskatnuss verrühren und beiseitestellen.

2. Für die Brühe das Wurzelgemüse waschen, putzen und schälen. In 1 cm große Würfel schneiden. Die Zwiebel abziehen und halbieren. Tomate waschen, vierteln und den Stielansatz entfernen.

3. 1 EL Öl in einem Topf erhitzen, Zwiebel auf der Schnittfläche darin kräftig anbraten. Die Gemüsewürfel hinzufügen und bei mittlerer Hitze zugedeckt dünsten. Sobald sie beginnen anzusetzen, die Tomatenviertel zugeben und kurz anschmoren. ½ l Wasser und Liebstöckel oder Lorbeerblatt hinzufügen, aufkochen und zugedeckt 5 Minuten köcheln lassen.

4. Mit zwei nassen Teelöffeln aus der vorbereiteten Masse etwa 14 Klößchen abstechen und in der Gemüsebouillon ca. 5 Minuten gar ziehen lassen. Zwiebelhälften und Tomatenhaut aus der Bouillon angeln, Brühe mit Salz und Pfeffer abschmecken.

Pro Portion: 20 g E, 24 g Kh, 15 g F

Für 2 Portionen:
Klösschen
40 g geriebener Parmesan
100 g Magerquark
1 Ei, 2 EL Semmelbrösel
Salz, Muskatnuss
Brühe
250 g Wurzelgemüse (z. B. Möhre, Sellerie, Petersilienwurzel)
1 Zwiebel
1 reife Tomate
1 EL Rapsöl
1 Stängel Liebstöckel oder 1 Lorbeerblatt
Salz, Pfeffer

Für den Grill: Türkische Gemüsespieße

1. Das Gemüse waschen, Zwiebeln schälen, bei der Paprika die Kerne entfernen und wie Zucchini und Aubergine in etwa 1,5 cm breite Stücke schneiden.

2. Champignons putzen, eventuell halbieren. Kirschtomaten und restliches Gemüse abwechselnd auf die Holzspieße stecken, sodass sie schön bunt werden.

3. Petersilie und Knoblauch grob hacken und mit Olivenöl und Kräutern der Provence in einer Rührschüssel mischen.

4. Die Gemüsespieße in ein passendes Gefäß legen, großzügig mit der Olivenölmischung beträufeln, bis sie aufgebraucht ist, und anschließend abdecken. Das Ganze über Nacht im Kühlschrank ziehen lassen.

5. Die Spieße über heißer Glut kurz von allen Seiten grillen, nach Bedarf salzen, pfeffern und mit dem Paprika leicht würzen, dann servieren.

Tipps: *Das Gemüse muss wirklich lange, mindestens über Nacht marinieren. Je länger, desto intensiver wird das frische, mediterrane Aroma der Spieße. Übrigens: Fast alle Gemüse der Saison lassen sich für diese Spieße verarbeiten.*

Chilipulver oder Rosenpaprika geben dem Ganzen eine schärfere Note. Einfach mal ausprobieren.

Für 6 Portionen:

3 Zwiebeln
1 gelbe oder rote Paprika
1 Zucchini
1 Aubergine
250 g Champignons
300 g Kirschtomaten
1 Bd. glatte Petersilie
6 Knoblauchzehen
350 ml Olivenöl
2 EL Kräuter der Provence
Salz, Pfeffer
Paprikapulver, edelsüß
außerdem: 6 Holzspieße

Pro Portion: 3 g E, 5 g Kh, 15 g F

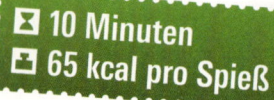

⊠ 10 Minuten
⊠ 65 kcal pro Spieß

Für 4 Spieße (ca. 20 cm):
60 g Käse
(z. B. Emmentaler, Gouda)
1 große Möhre
1 kleine Kohlrabiknolle
8 Stiele Kerbel (oder Petersilie)

Gemüsespieß mit Käse

1. Den Käse erst in Scheiben schneiden, dann in Stücke (etwa 2 cm × 2 cm). Das Gemüse schälen.

2. Pro Spieß je eine halbe Möhre längs hobeln, den geviertelten Kohlrabi in 2 oder 3 Scheiben schneiden. Die Möhrenhobel zwei- oder dreifach falten, abwechselnd mit Käse und Kohlrabi sowie den ganzen gewaschene Kerbelblätter aufspießen.

Pro Spieß: 4 g E, 3 g Kh, 4 g F